Martina Humboldt, Jahrgang 1954, hat sich nach ihrer plötzlichen und unerwarteten Trennung doch noch einmal auf die Suche nach einem neuen Partner begeben und so ihren Traumpartner gefunden.

Inzwischen lebt sie mit ihm zusammen mit ihren zwei Hunden abwechselnd in ihrer Kleinstadt in der Nähe vom Ammersee/Obb. oder am Heimatort von ihm.
Neben dem Alltagsleben, Reisen, Wandern mit den Hunden und Fahrradtouren schreibt sie sehr gerne, z.B. Berichte über die verschiedenen gemeinsamen Reisen.
Dieser Erfahrungsbericht über die Partnersuche ist der erste in Buchform.

Martina Humboldt

Mit 60+ einen neuen Partner finden?

Aber sicher!

Partnersuche im Internet

©2018 Martina Humboldt
Umschlag: Carmen Celewitz, 360 Grad Design
Verlag & Druck: BoD - Books on Demand, Norderstedt

ISBN:
Paperback: 978-3-7481-8490-4
e-Book: 978-3-7482-3706-1

Inhalt

*Welche Einstellung habe ich generell zur
Welt und zu einem Partner? Warum suche
ich einen Partner? Ist Platz in meinem Leben
für einen Partner? Ist er willkommen?
Was für einem Partner suche ich? Wie soll er
sein? Suche ich nach einem festen Partner,
nach einem Flirt, zum Zeitvertreib oder um
meinen eigenen Marktwert zu erforschen?
Darf es öffentlich werden, dass ich nach
einem Partner suche oder ist mir das peinlich?
Gibt es für mich andere Möglichkeiten wie
Zeitungsannonce, Blind Dates, Ü40/50/60-
Parties, Vereine, Seniorentreffs für Aktivitäten?
Warum suche ich über eine Partnerbörse?
Woher darf mein neuer Partner kommen,
wieweit im Umkreis möchte ich suchen?
Prüfliste für Dich*

*Wie finde ich die richtige Partnerbörse?
Welche passt genau zu meinen Bedürfnissen?
Womit muss ich rechnen, wenn ich mich
angemeldet habe? Wie wahre ich meine
Anonymität? Worauf muss ich achten, ganz
wichtig! Wie finde ich Warnung vor Gefahren im
Internet und wie schütze ich mich vor
Heiratsschwindlern/Betrügern/Romance Scam/
Nigeria Connection und Deppen?*

Vorwort

Die Idee zu diesem Buch kam mir, nachdem ich bereits etliche Anmeldungen in Partnerbörsen, Mails, Telefonate, Treffen und Gespräche hinter mir hatte. Es waren so viele bemerkenswerte Erlebnisse mit unterschiedlichen Menschen, die ich nicht vergessen und einfach festhalten wollte.

Immer, wenn ich mit Frauen in meinem Alter über dieses Thema rede, höre ich, dass sie so gerne einen Partner hätten aber doch aufgrund von Medienberichten, Verzagtheit, Angst vor Neuem, schlechten Erfahrungen oder auch einfach aus Bequemlichkeit diesen Weg übers Internet nicht beschreiten wollen.

Ich persönlich habe bei meiner Partnersuche per Internet fast ausschliesslich gute Erfahrungen gemacht. Im Nachhinein betrachtet war es mehr Spass als Anstrengung - und so möchte ich diese Zeit auf keinen Fall missen.

Die Frauen, die wirklich aus tiefstem Herzen suchen und nur nicht wissen, wie sie es bewerkstelligen sollen, möchte ich ermutigen und ein wenig Hilfestellung dafür geben. Das Rad muss ja nicht nochmals erfunden werden und sicher taugt der ein oder andere Tipp zur Nachahmung, regt zum Nachdenken an, lässt auch mal herzhaft lachen oder kopfschüttelnd staunen. Und wenn mein Bericht für die ein oder andere Leserin richtig ankommt, dann hat mein Buch seinen Zweck erfüllt.

Ich habe meine Erlebnisse mit meiner Einstellung, meinen Gefühlen, Ängsten, Hoffnungen, Fragen, Befürchtungen, Vorgehensweise beschrieben.

Alle Namen der Betroffenen habe ich zum Schutz der Persönlichkeit verfälscht. Das Alter passt, Aussehen, Benehmen, Auftreten habe ich geschildert, wie ich es für mich empfunden habe. Die Entfernungen und geografischen Angaben sind korrekt, um den Wirkungskreis (Radius) einer solchen Suche im Internet aufzuzeigen. Es ist wirklich erstaunlich, wie weit und in welche Richtungen es geht, wenn man es nicht von vornherein beschränkt.

Ich denke/hoffe, dass ich mehr Nähe und Identifikation als in einer sachlichen Form erreiche, wenn ich meine/n Leser/in mit "Du" anrede.
Auch wenn mein Buch sicherlich fast ausschließlich Frauen anspricht (Frau-zu-Frau), wird auch so mancher Mann Interessantes daraus erlesen und ggfs. anwenden können.

Alles, aber auch alles ist rein aus meiner persönlichen Sicht geschildert. Manchmal klingt es vielleicht ein wenig anmassend und überheblich, wenn es um Äusserlichkeiten oder Sachen geht, die nicht unbedingt mit der Meinung von anderen übereinstimmen muss.

Selbstverständlich weiss ich nicht immer, wie mein jeweiliges Gegenüber das alles gesehen bzw. empfunden hat - aber darum geht es ja auch nicht in diesem, meinem Buch.

Wer bin ich?

Ich bin jetzt 64 Jahre alt, mit guten Freunden und einer tollen, grossen, überall in der Welt verstreuten Familie. Vor kurzem habe ich mein Arbeitsleben beendet.

In dem Jahr, in dem meine Ehe völlig plötzlich und unerwartet in die Brüche ging, war ich gerade 60 Jahre alt geworden.

Es war im August 2014, als meine komplette Welt einstürzte und ich total geschockt, entwurzelt, konfus, optionslos, traurig eingestehen musste, dass diese Ehe von Anfang an auf einer Lüge aufgebaut und wegen der rein zufälligen Aufdeckung nun für mich nicht mehr zu retten war.

Alle gemeinsamen Pläne für die Zukunft waren dahin, das angenehme, eingefahrene Leben damit auch. Wir hatten so ein schönes greifbares Ziel gehabt, nachdem unser Renteneintritt schon in Sicht war. Dann wollten wir unser normales Leben aufgeben und den Rest auf einem eigenen Boot verbringen. Die Flüsse und Seen Europas wären unsere Heimat geworden, gereist sind wir immer schon gerne und mein Mann hatte alle notwendigen Bootsscheine/Patente und die Liebe zum Wasser.

Aber gut, das wurde also nichts und ich habe meinen Mann aufgefordert zu gehen, was er dann mit etwas Nachdruck Anfang Dezember 2014 tat.
Wir hatten noch einen losen, freundlichen Kontakt bis April 2015, den ich dann doch endlich rigoros

und konsequent unterbunden habe, da sich in der ganzen Zeit bis dahin trotz mehrmaliger Versuche meinerseits die Hoffnung auf eine Bereinigung oder (Er)klärung der gesamten Situation nicht erfüllt hatte.

Die Tage/Wochen/Monate bis zu dieser nun endgültigen Trennung hatte ich oft nächtelang wachgelegen, viel geheult, sehr oft meine Familie und gute Freunde in Anspruch genommen, mich in meine Arbeit gestürzt, an freien Tagen und Wochenenden tagelang gestrickt (eine grosse Wohndecke ist heute noch mein ganzer Stolz!), sehr viel für mich geschrieben und Tagebuch geführt, Ratgeberbücher gelesen, Tarot-Karten gelegt, mit Affirmationen gearbeitet, das Universum um Klärung gebeten usw. usw.. Einfach alles, wo ich meinte, es hilft.
Dazwischen lag ja zu der Zeit auch noch Weihnachten und Silvester - und ich muss gestehen, auch mein Mann tat mir leid, denn einsam waren wir ja nun beide!

Unterstützt hat mich in dieser Phase eine ganz liebe Psychologin, die mir der Himmel im richtigen Moment schickte (besser gesagt: eine gute Freundin gab mir den Tipp) und die ich wöchentlich besuchte für die Dauer eines Jahres. Erfreulicherweise übernahm mein Ehemann trotz endgültiger Trennung die Hälfte der Rechnung, höchstwahrscheinlich aus seinem schlechtem Gewissen heraus.

Diese wirklich gute Ärztin hat bei meinem ersten Besuch das Schlimmste aufgefangen, dann die anfänglichen zeitweiligen Rachegefühle abgemildert, mir die Augen geöffnet, mich wachgerüttelt, meine Selbstverantwortung für mein Leben klar gemacht - und im Laufe der Zeit erkannte ich so meinen neuen Weg.

Und irgendwann plötzlich war neben dieser unbeschreiblichen Wut, die auch heute manchmal noch kurz aufflammt, auch wieder Freude.

Ich hatte mir ein komplettes "Trauerjahr" verschrieben, doch nach dem Auf und Ab der ersten Monate, dann der Verarbeitung von Dezember an und der gänzlich konsequenten Ablösung im April fühlte ich mich bereit, mich so langsam wieder auf mich zu besinnen und mich auf die Suche nach einem neuen Partner zu machen.

Mir war klar, dass ich nicht dafür gemacht war, alleine zu bleiben. Der Status, verheiratet zu sein, war für mich schon was ganz Besonderes. Ich wollte wieder die Zugehörigkeit und Selbstverständlichkeit eines Mannes neben mir, das gemeinsame tagtägliche Erleben, nicht immer bei Freunden das 5. Rad am Wagen sein.

Ja, es ging mir schon viel besser als davor aber es gab immer noch schwierige Momente - vor allem morgens, wenn der ganze Tag noch vor mir lag. Das Aufwachen war das Schlimmste, das Gefühl, jetzt alt und eventuell einsam bis zum Ende zu sein und die Befürchtung, einen Partner nur sehr schwer oder überhaupt nicht mehr zu finden.

Schon immer war und ist es auch unverändert für mich so, dass ich mich immer frage, wenn ich

Frauen in meinem Alter alleine oder zusammen beim Wandern/Essengehen/Kino/Theater sehe, ob sie wohl jemanden haben, der zu Hause wartet oder ob sie tatsächlich alleine sind? Und ob sie gerne alleine sind? Und auch wenn ich weiss, dass es viele gibt, die ja bewusst und gerne alleine leben und ich mir ein Urteil ja gar nicht anmassen darf, so hatte und habe ich immer Bedauern mit ihnen, denn für mich in meiner Einstellung ist es immer mit Einsamkeit verbunden. Und nun dachte ich erschreckend: "Aha, Du gehörst jetzt auch dazu"!

Für mich stand fest, dass ich ein Single-Leben nicht möchte und dass das Leben für mich auch in meinem fortgeschrittenen Alter noch so manche aufregende und schöne Zeit (zu Zweit)bereithält.

Im Nachhinein - aber wirklich erst im Nachhinein! - weiss ich zu meiner Ehe, dass es längst Zeit war, einen Schritt weiterzugehen. Es gibt einen Spruch, der besagt: "Wenn Du Dein Leben nicht änderst, dann ändert es Dein Leben für Dich".
Dieser Schritt war wirklich schmerzhaft aber offensichtlich notwendig für mich und sicher auch für meinen Mann. Ich bin überzeugt, wir sehen es beide inzwischen so und haben unseren Frieden gemacht.

Ohne diese erzwungene Veränderung meines Lebens hätte ich nicht nach einem neuen Partner gesucht und nicht diese teils lustigen, teils traurigen, teils blöden Erlebnisse gehabt - und das hätte mir ein Stück Erfahrung, Spass, Aufregung und Weiterentwicklung in meinem Leben vorenthalten.

So jedoch beschloss ich nach Abwägung aller Möglichkeiten einen neuen Partner zu finden, den Weg der Partnersuche über das Internet zu wagen.

Ich war überzeugt, wenn ich mit festem Glauben, mit Neugier, Fröhlichkeit und Vorsicht die Sache angehen würde, so sollte es nicht schief gehen können. Solange ich genau weiss, was ich will und was für mich absolut nicht in Frage käme bin ich auf der sicheren Seite.
Ich meinem Kopf war zu keinem Zeitpunkt Platz für Gedanken, dass es nicht klappen könnte oder dass ich betrogen, desillusioniert oder unglücklich würde.

Erfreulicherweise kam zu meiner sowieso schon festen Überzeugung hinzu, dass ich etliche glückliche Paare aus meinem Bekanntenkreis und Umfeld kenne, die sich auch über das Internet kennen gelernt haben und woraus gute und intensive Beziehungen entstanden sind.
Sie wiegen die vielen angeblich schlechten Erfahrungen auf jeden Fall auf. Und was die können, dachte ich, kann ich (und auch Du) schon lange!

Vorbereitung

Nachdem der Entschluss gefasst war, aktiv zu werden, mussten erst einmal sehr viele offene Fragen für mich selbst geklärt werden.

Mit ihnen hatte ich mich bereits teilweise im Vorfeld immer wieder einzelnen auseinandergesetzt, sie überdacht, aufgeschrieben und auch schriftlich ausgearbeitet.
Erst dadurch wurde die wirkliche Absicht ganz klar, ich war total bei mir ohne Ablenkung, habe alles verinnerlicht und konnte detailliert das Für und Wider abwägen. Zwar bedeutete es die schonungslose Auseinandersetzung mit mir selbst, ging oft ins Eingemachte, klärte viel (auch mit Tränen) aber danach hatte ich so viel Kraft, Neugier und Vorfreude, nun endlich loszulegen!

Für dieses Tun habe ich es mir immer ganz schön gemacht, mit einem äusserlich wunderschönen Hefter, den ich unterteilte in viele Bereiche, wie Wünsche/Ziele, Gedanken, Affirmationen, Stichpunkte, Textausarbeitungen usw. Dieser Hefter wurde mein ganz persönlicher Schatz, ich bin daran gewachsen, und wenn ich heute mal reinschaue, wundere ich mich immer wieder über meine Gedanken damals und wie klar ich in den Aussagen war.

Meine Vorgehensweise genau zu kopieren, wird den Erfolg nicht bringen - es ist nur eine Hilfestellung. Jeder selbst wird nicht umhin kommen, sich mit sich selbst genauestens zu beschäftigen, sich selbst kennen zu lernen und für sich genau zu hinterfragen, warum und wie dieses Vorhaben nun angegangen werden soll.

Die seinerzeitigen Fragen für mich selbst habe ich aufgehoben. Sie sind Dir vielleicht eine Hilfe und sollten natürlich genau auf Dich abgestimmt und ergänzt werden.
Ich habe sie nachfolgend erst einmal zusammengefasst als Stichpunkte aufgelistet und danach gehe ich dann noch einmal einzeln darauf ein.

Mein Tipp:
Der wichtigste Schritt im Vorfeld ist das Niederschreiben von allem! Also bereite Dir ein schönes ganz eigenes Ringbuch/Hefter/Buch zum Reinschreiben vor, sorge für Ruhe, zünde evtl. eine Kerze an oder umgebe Dich mit einem netten Duft, angenehmem Licht, leiser Musik und los geht's.

1.) Allgemeine, persönliche Fragen an mich, bevor ich startete:

Welche Einstellung habe ich generell zur Welt und zu einem Partner?
Warum suche ich einen Partner?
Ist Platz in meinem Leben für einen Partner?
Ist er willkommen?
Was für einen Partner suche ich? Wie soll er sein?
Suche ich nach einem festen Partner, nach einem Flirt, zum Zeitvertreib oder um meinen eigenen Marktwert zu erforschen?
Darf es öffentlich werden, dass ich nach einem Partner suche oder ist mir das peinlich?

Gibt es für mich andere Möglichkeiten wie Zeitungsannonce, Blind Dates, Ü40/50/60-Parties, Vereine, Seniorentreffs für Aktivitäten?
Warum suche ich über eine Partnerbörse?
Woher darf mein neuer Partner kommen, wieweit im Umkreis möchte ich suchen?

2.) Fragen zur Plattform:

Wie finde ich die richtige Partnerbörse? Welche passt genau zu meinen Bedürfnissen?
Womit muss ich rechnen, wenn ich mich angemeldet habe?
Wie wahre ich meine Anonymität? Worauf muss ich achten, ganz wichtig!
Wie finde ich Warnung vor Gefahren im Internet und wie schütze ich mich vor Heiratsschwindlern/Betrügern/Romance Scam/Nigeria Connection und Deppen?

3.) Fragen zum organisatorischen Vorgehensweise und Ablauf:

Wo und wie melde ich mich an?
Wie erstelle ich ein ansprechendes Profil? Wie stelle ich mich dar?
Fotos
Erste Kontaktaufnahme
Erstes Telefonat
Erstes Treffen
Wie ging es nun weiter?

Wie bei jedem, der diesen Weg geht, war er auch für mich oft nicht gerade, sondern verwinkelt - aber auf Umwegen sieht man so viel Interessantes und man kommt auch so zum Ziel. Ich habe dadurch so viel gelernt, ich musste alles immer wieder umändern, oder ergänzen, bis es für mich perfekt war.

Meine Selbstdarstellung am Anfang passte nicht, ich wusste nicht, wie man ein Profil interessant gestaltet, wo ich mich anmelden sollte, was ich bezüglich Anonymität beachten musste bzw. preisgeben konnte, wie sicher ich mich fühlen konnte und vor allem, wie ich handeln sollte bei einem tatsächlichen Kontakt mit einem wildfremden Gegenüber.

Geholfen hat mir meine generell positive Einstellung zu Männern mit allem was dazugehört, meine Freude an neuen Wegen, die freiwillige Verplanung meiner Freizeit, die Vorfreude auf Überraschungen, viele unterhaltsame Gespräche und mehr.
Ja, und auch Lampenfieber war immer etwas da und gehörte dazu. Ich habe es genossen und war mir sicher, dem anderen geht es ja genauso!

Im Nachhinein denke ich gerne zurück und dass alles mehr Spass als Anstrengung war.

Ein schriftlicher Ratgeber im Vorfeld wäre schon sehr hilfreich gewesen und hätte mir anfangs einige Umwege erspart. Die ersten Profiltexte von mir waren nicht der Hit und zogen daher oft entsprechende Angebote nach sich.

Erst im Laufe der Zeit durch Erfahrung und Suchen nach Hilfestellung auf den Plattformen, in Foren

11

und generell im Internet wurde es immer besser, was sich dann auch in den Anfragen von wirklich tollen, interessanten Männern nach genau meinem Geschmack zeigte.

So, nun aber zu den einzelnen Punkten:

1.) Allgemeine Fragen

Welche Einstellung habe ich generell zu meiner Welt und zu einem Partner?

Nach meiner Trennung war für mich erst einmal wichtig, in mir selbst Ruhe zu finden, alles zu verarbeiten und mich dann zu fragen, ob ich alleine bleiben will, ob und warum ich einen Partner möchte/brauche und als letzten Schritt, wie genau er sein soll und was ich bereit bin, dafür (auf-)zu geben.

Im Laufe meines Lebens habe ich immer wieder erfahren, dass ich darauf vertrauen kann und mir Gutes widerfährt, wenn ich etwas wirklich fest will und nicht halbherzig herumspiele. Wahrscheinlich durch die Teilnahme an verschiedenen Kursen, entsprechender Lektüre und einer einfach guten Lebenseinstellung ("Nichts kommt ohne Grund"), haben sich im Laufe meines Lebens meine Wünsche und Erwartungen immer wieder ohne grossen Kampf erfüllt. Dies war und ist bis heute so im Beruf, bei der Wohnungssuche, im familiären Bereich, bei finanziellen Angelegenheiten.

Natürlich hatte ich wie jeder auch früher zeitweise grosse Sorgen, die aber irgendwie immer gemeistert wurden ("Und wenn du denkst es geht nicht mehr, kommt ein kleines Licht daher"). Und jetzt in meinem Alter wirkt rückblickend sowieso nichts mehr so bedrohlich und angsteinflössend wie seinerzeit in der aktuellen Situation.

Warum suche ich einen Partner?

Ein wichtiger Satz begleitete mich immer in meinem Leben und ist wirklich überlegenswert: Die beste Grundlage für eine glückliche Beziehung ist, wenn du auch alleine glücklich bist. Denn dann ist dein Partner eine Wahl und keine Notwendigkeit.

Und genau unter dieser Voraussetzung wollte ich nicht alleine bleiben. Ich wollte in meinem Alter noch ein letztes Mal (m)eine grosse Liebe finden und den Rest meiner Tage zusammen, aber selbstbestimmt, ohne Bedürftigkeit, Abhängigkeit und Druck verbringen.

Ja, rückblickend war die Zeit des Alleinseins und der Suche wirklich toll, aufregend, turbulent, denn ich habe auch mich selbst nochmals super kennen gelernt. Und alles kam meinem Ziel zugute, wieder zu Zweit durchs restliche Leben zu gehen.

Was für einen Partner suche ich? Wie soll er sein?

Nun ging es daran, genau zu definieren, wie die Rahmenbedingungen für mich sein müssen, wie ich meinen Partner will, wie er genau aussehen soll, welche Eigenschaften er haben muss - ja, wirklich muss, nicht soll, nicht kann, sondern muss!

Zweifellos ist klar, dass in einer Partnerschaft Kompromisse notwendig und selbstverständlich sind, aber darum ging es momentan nicht. Wenn nicht vorher genau definiert ist, was sein muss, wird auch im Ergebnis etwas anderes ausfallen.

Also machte ich mir viele, viele Gedanken über eine längere Zeit, setzte mich sehr oft ruhig hin, schrieb viel zu jedem einzelnen Thema auf und stellte mir immer wieder meinen Traummann vor meinem inneren Auge vor. Ich sah ihn jedesmal freudestrahlend auf mich zukommen und hatte immer wunderbare optimistische Gefühle dabei. Unbeirrbar ging ich davon aus, dass er irgendwo genau so auf mich wartet und mich nur finden muss und wird.

Ganz wichtig war bei meinen vielen schriftlichen Notizen immer nur die positive Form. Was ich nicht wollte, gehörte da nicht hin, sondern nur meine Vorstellungen und Wünsche. Also auf keinen Fall schrieb ich z.B. "Er darf keine Glatze haben" oder "Er soll nicht gebunden sein" usw. sondern ganz klar "Mit vollem Haar" oder "Ungebunden".

Unterstützt habe ich alles zusätzlich mit Affirmationen, die mich schon immer begleiten, und die ich nur um diesen speziellen   Wunsch erweitern musste. Affirmationen sind positive Glaubenssätze, die man für sich erstellt und die eine ganz große Wirkung haben, wenn man sie immer wieder wie ein Mantra laut oder leise aufsagt.   Sie sollten beim Anwenden ein warmes, sicheres und ange-nehmes Gefühl erzeugen. Dazu eignet es sich besonders vorm Einschlafen, beim Aufwachen, bei

Spaziergängen, am Strand, in der Sauna - immer da, wo man für sich alleine ist.
Sie können für jeden Lebensbereich erstellt werden, also allgemein, Liebe, Finanzen, geschäftlicher Erfolg, Gesundheit, Partnerschaft usw..

Übrigens gibt es hierzu wunderbare Bücher zur richtigen Realisierung der Wunscherfüllung, die ich gerne empfehle und deren Titel und Autor im Anhang zu finden sind. Und auch eine Liste mit Affirmationen habe ich erstellt, die allerdings auf mich zugeschnitten sind. Sie können als Beispiel dienen und persönlich angepasst und geändert werden.

Ich kann mich zudem erinnern, dass ich dann zusammengefasst ganz viele kleine Zettel schrieb, wo ich mit kurzen Stichworten genau die Eigenschaften heraushob, die mein zukünftiger Partner haben musste.

Diese Zettelchen ergänzte, änderte, erweiterte ich immer wieder bis zu meiner 100%igen Zufriedenheit - und nachfolgend war dann im Endeffekt das alles, was als Wunsch und Vorstellung zu meinem zukünftigen Partner darauf stand:

Ehrlichkeit - Zuverlässigkeit - Verantwortung - Vertrauen gebend - Humor - Intelligenz - Stolz/ Bewunderung (für mich) - Gepflegtheit - Offenheit - ohne Altlasten/Frei!! - Attraktivität (nach meiner genauen Vorstellung) - Zärtlichkeit - Loyalität - Aufrichtigkeit - Grosszügigkeit - Wärme/Nähe/ Kuscheln - Achtung/Respekt - zukunftsorientiert

Und tatsächlich hatte ich dann doch noch vergessen: Finanziell gut gestellt - Gesundheit. Anscheinend hatte das keine Priorität? Oder ich bin ganz einfach davon ausgegangen, so dass es für mich nicht erwähnenswert war? Dabei ist es doch wirklich wichtig! Ich wundere mich heute noch darüber und hatte mir vorgenommen, dass ich bei einem eventuellen nächsten Mal auch darauf achte.

Danach packte ich all diese Zettelchen in eine kleine hübsche Kiste, und mit der Gewissheit (also unerschütterlichem Glauben), dass es auf dieser Welt genau diesen einen Menschen für mich gibt, stellte ich sie an einen hübschen Ort ausserhalb meines Gesichtsfeldes. Es wird schon alles so kommen, ich brauchte mich darum nicht mehr zu kümmern.

Später dann bei den Anfragen potentieller Partner hatte wirklich jeder mehr oder weniger diese Eigenschaften. Ich habe bei jedem einzelnen gespürt, dass wir alle dasselbe Ziel haben: die Suche nach Liebe, Zuneigung, Anerkennung. Es waren alles ganz normale Menschen, liebenswert, traurig, optimistisch, verbittert, äusserlich gleichgültig, lebensfroh, hoffnungsvoll, hoffnungslos. Es war kein einziger Mann dabei, der total aus dem Rahmen fiel oder Eigenschaften hatte, die mir absolut missfielen.
Ich sollte nur noch aussortieren, welcher von allen die meisten Übereinstimmungen mit meiner Wunschliste hatte. Das ist dann wiederum keine Kopfsache, sondern das spürt man, darauf kann man wirklich vertrauen.

Ich erlebe es immer wieder bei Freundinnen, die vereinzelt schon seit Jahren halbherzig! nach dem "Richtigen" suchen. Bei Rücksprache mit ihnen und deren ehrlicher Selbstreflexion wird ausnahmslos eine fehlende Klarheit und Ernsthaftigkeit bei der Suche bestätigt.

Sie werden teilweise veräppelt oder ausgenutzt und schimpfen, dass es keine guten Männer im Internet gibt. Sie übersehen dabei leider, dass sie selbst die Ursache sind, deren Wirkung sich nur dadurch zeigt.

Suche ich nach einem festen Partner, nach einem Flirt, nach einem Zeitvertreib oder um meinen eigenen Marktwert zu erforschen?

Es gibt wirklich alles für alles auf dem grossen Internet-Spielfeld. Und man wird mit vielem konfrontiert, was man vorher nicht für möglich gehalten hat.

Ich kenne einige Frauen aus meinem Freundeskreis, bei denen ein Flirt oder Zeitvertreib (dann logischerweise mit wechselnden Partnern) schnell funktioniert. Aber oft sind sie dann trotzdem nicht

17

damit zufrieden, weil sie doch innerlich hoffen, über diesen Weg was festeres zu finden.

Also egal, für was ich mich entscheide, es muss ehrlich und innerlich stimmig sein. Sonst kommt der grosse Katzenjammer, wenn dann z.B. mehr daraus entstehen soll, aber der andere weiterhin nur mit Flirt oder Abwechslung rechnet, so wie es auch vorher kommuniziert wurde. Oder auch anders herum, man selbst will es dabei belassen und das Gegenüber möchte mehr.

Das Thema hier in meinem Buch ist die ernsthafte Suche nach einem Partner, mit dem ich mein restliches Leben teilen möchte.

Die Ideal- und Wunschvorstellung von den meisten Frauen in meinem Alter ist, einen Partner zu finden, ohne den eigenen Bereich gross verändern zu müssen. D.h. jeder von beiden hat eine eigene Wohnung, man wohnt nicht zu weit auseinander für spontane Gemeinsamkeiten, man wandert zusammen, geht ins Theater oder Konzerte von Zeit zu Zeit, man wird verwöhnt durch romantische Dinner oder gemeinsame Reisen. Doch, das ist tatsächlich so! Viele hätten aufgrund ihres bereits gelebten Lebens mit Verantwortung dem Ehemann oder Kindern gegenüber und der persönlichen Weiterentwicklung jetzt gerne einen Partner, der nach Bedarf und Laune da ist oder auch nicht.

Einige der ernsthaft suchenden Männer, die ich getroffen habe, beklagten sich genau darüber - und so muss ich leider gleich den Optimismus für eine Verwirklichung solch einer einseitigen, unfairen Wunschvorstellung nehmen. Ich kenne keinen einzelnen Fall, wo es geklappt hat und beide es genau so wollten.

Eventuell hat man die Chance auf so eine gewünschte Verbindung eher bei Internet-Börsen für gemeinsame Freizeitgestaltung und vielleicht entwickelt sich mehr daraus. Ich kenne aber solche Partnerbörsen nicht, da ich mich dort nicht aufgehalten habe.

Für mich persönlich war jedenfalls klar, dass nur ein fester Partner in Frage kommt. An einem Flirt war ich nicht interessiert, um Zeit zu vertreiben hatte ich meine Arbeit und meine Freunde, und zu testen, ob ich noch interessant genug bin für die Männerwelt war mir einfach zu blöde und aufwendig.

Darf es öffentlich werden, dass ich nach einem Partner suche oder ist mir das peinlich?

Bevor ich den Schritt in die Internetsuche wagte, war auch diese Frage nicht unwesentlich:
Was wäre, wenn eventuell der Nachbar, Freunde oder Arbeitskollegen meine Suchanfrage finden?

Oh Schreck, wie peinlich ist das denn? Meine Fantasie spielte mir da böse Streiche in der Form: "Höchstwahrscheinlich wird es überall weitererzählt und jeder fragt, ob ich es nun wirklich so nötig hätte oder ob ich nicht auf andere Art einen Mann fände? Na ja, natürlich nicht - denn ich bin ja so anspruchsvoll und man hat es immer schon gewusst, mir kann man es nicht recht machen und eigentlich wäre derjenige schon blöd, der mich als Frau nehmen würde. Denn das ginge ja sowieso nicht gut usw. usw."

Stopp!
Ich habe mich ganz schnell beruhigt, denn zum einen kann mir die Meinung meiner Mitmenschen egal sein, zum anderen muss ja auch derjenige, der mich findet auch in genau dieser Partnerbörse zum selben Zweck angemeldet sein oder zumindest diese Plattformen auch durchstreifen? Und wie stünde er dann selbst bei einem Weitererzählen da? Manchem müsste es sicherlich genauso peinlich sein, dass er von mir gefunden wurde?

So ist es auch öfters passiert, ich habe es abgehakt als : "Ach sieh mal an!", als mich u.a. mein Nachbar auf dem Bildschirm anlachte, der auf seinem Profil angab, er sei Single und suche ernsthaft nach einer liebevollen Partnerin, obwohl ich einen Tag vorher noch mit seiner Frau Kaffee trinken war.

Also, man kann getrost von einer gegenseitigen Diskretion ausgehen.

Und außerdem, ich kenne so viele Paare, die offen kommunizieren, dass sie sich über das Internet kennengelernt haben. Es haftet heute dieser Art von Zusammenkommen nichts Anrüchiges an - es ist inzwischen einfach das Nutzen einer Möglichkeit, auch ausserhalb des eigenen Umkreises jemanden zu finden, der genau nach einem sucht.

So konnte auch ich in meinem Umfeld ohne vorgehaltene Hand darüber sprechen und es kristallisierte sich heraus, wie viele es tun. Es war immer wieder unterhaltsam, mit diesen Menschen - ja, auch Männer, nicht nur Frauen! - über das Erlebte zu sprechen, Tipps und Ratschläge auszutauschen und sich zu freuen, dass bei dem einen oder anderen tatsächlich eine Liebesgeschichte daraus wurde, die in meinem Umfeld auch zweimal in einer Ehe mündete.

Gibt es für mich andere Möglichkeiten wie Zeitungsannonce, Blind Dates, Ü40/50/60-Parties, Vereine, Seniorentreffs für Aktivitäten?

Natürlich gab und gibt es diese Möglichkeiten auch, jedoch nicht für mich. Zeitungsannoncen sind meiner Meinung nach total veraltet und aufwendig. Blind Dates kannte ich aus dem Fernsehen und fand es total blöde für mich. In Vereinen war ich nie. Bei einer Ü40/50/60-Party fühlte ich mich deplatziert (ich konnte Discos nur in ganz jungen Jahren leiden). Und für Seniorentreffs fühlte ich mich ehrlich gesagt zu jung.

Warum suche ich über eine Partnerbörse?

Leider ist es ja so - und ich glaube, es geht vielen Frauen so - dass man einen interessanten Mann nicht irgendwo unterwegs einfach anspricht, denn man geht oft automatisch davon aus, dass zu Hause jemand auf ihn wartet - es steht ja nicht auf seiner Stirn geschrieben, ob er evtl. genauso nach einer Partnerin sucht und frei ist. Und auch die Unbefangenheit der jungen Jahre zu einem Flirt flammt in meinem Alter nur noch manchmal ganz spontan auf.

In meinem eigenen Umfeld kenne ich jeden Mann, ob frei oder gebunden. Ich mag sie alle als nette Freunde, es sind bestimmt auch einige interessante Männer dabei. Aber im eigenen Revier zu wildern, ist mir nie in den Sinn gekommen, ich bin harmoniebedürftig. Stress mit einer befreundeten Ehefrau oder Lebenspartnerin aus so einem Grund möchte ich nicht haben. Und allein schon aus Solidarität mit meinem eigenen Geschlecht war das einfach auch bereits in jungen Jahren für mich niemals eine Option.

Freizeitaktivitäten in einer Gruppe (außer der eigenen Clique) gab es bei mir nicht, deswegen fiel auch diese Möglichkeit weg. Und ich bezweifle auch, dass sich daraus wirklich erfolgversprechende Partnerschaften ergeben. Von Flirts, bis hin zum Ehebruch in Tennis-/Reitclubs habe ich einiges gehört, und es war mir immer unverständlich.

Die Internetsuche erschien mir dahingegen als wirklich fantastische Möglichkeit. Der Reiz, dass das Suchgebiet und die Erfolgsaussicht unbegrenzt sind, ist schon gross - ich selbst kann bestimmen, ob ich in Deutschland, ganz Europa und sogar Übersee suche, je nachdem, wie weit meine Vorstellungskraft geht, es liegt nur an mir. Das hat mich fasziniert!
Und deshalb war die nächste Frage an mich selbst sofort beantwortet:

Woher darf der neue Partner kommen, wie weit im Umkreis möchte ich suchen?

Dies ist natürlich bei jedem Menschen durch die unterschiedlichen Bedürfnisse total verschieden, es bleibt jedem selbst überlassen - jede Entscheidung erweitert oder beschränkt logischerweise den Wirkungskreis und die Erfolgsaussicht.

Ich musste mich fragen, ob ich bereit war, für ein Treffen auch mal weiter zu fahren, bei Erfolg evtl. für den Anfang eine Fernbeziehung zu führen oder später sogar ggfs. umzuziehen? Das alles setzt ja eine grosse Flexibilität voraus. Reichte meine dazu?

Oder kam für die Suche nur der nähere Umkreis in Frage? Auch da gab es in meinem Bekanntenkreis Glückstreffer. Oft geht ja eine weitere Entfernung gar nicht, bedingt durch eine nicht zu ändernde Ortsgebundenheit oder fehlende Mobilität.

Der Vorteil der Ferne ist in meinen Augen, mit dem neuen Partner gänzlich Neues zu erleben, für beide das jeweilige ganz andere Leben an einem anderen Ort kennen zu lernen, die Aufregung bei der Planung des Zusammenseins....

Der Vorteil der Nähe wiederum ist, dass ein Treffen zwischendurch ganz schnell für eine gemeinsame Aktivität (oder wenn einen die Sehnsucht packt) möglich ist, dass ein Umzug höchstwahrscheinlich nicht so schnell im Raum steht, und dass man sein gewohntes Umfeld nicht verlassen muss.

In meinem Fall entschied ich mich für die "grosse Suche". Ich habe mir gedacht, in Deutschland allein gibt es ca. 80 Mio. Menschen, davon ca. die Hälfte männliche Wesen, da wird der Richtige schon dabei sein. Und wenn nicht, gibt es ja dann auch noch die angrenzenden Länder wie Schweiz, Österreich, Holland.

Ich reise gerne, das Autofahren macht mir Spass, ich besuche gerne andere Städte und Gegenden und war auch einem Umzug bzw. einem ganz neuem Start nicht abgeneigt. Alles weitere sieht man dann ja sowieso zu gegebener Zeit.

Aber gut, alles beginnt mit dem ersten Schritt, ein erstes Treffen. Und hier musste sich erst zeigen, ob sowohl bei mir als auch beim Gegenüber die Begeisterung, Flexibilität und Energie für ein erstes Treffen gross genug ist. Die Liebe würde dann das weitere schon richten.

Prüfliste für Dich:

1. Bist Du bereit und fest überzeugt, dass Du wirklich einen Partner an Deiner Seite möchtest und dass Du positiv der Internetsuche gegenüber eingestellt bist?

2. Weisst Du genau, welchen Partner Du Dir wünschst?
   Hast Du Deine Wünsche genau definiert und in positiver Form niedergeschrieben? Ggfs. mit kleinen Zetteln, wo jedes einzelne Detail festgelegt ist?

3. Hast Du andere Möglichkeiten ausprobiert oder möchtest Du das lieber tun?

4. Weisst Du inzwischen, was Du bereit bist an Freizeit, Mühe und ggfs. auch an Geld in Deine Partnersuche zu investieren?

2.) Fragen zur Plattform:

Wie finde ich die richtige Partnerbörse? Welche passt genau zu meinen Bedürfnissen?

Generell ist zu sagen, dass die bekannten Partner-börsen alle Erfolg haben, sonst wären sie längst vom Markt verschwunden. Dadurch, dass sie oft unterschiedliche Zielgruppen bedienen kann man nicht sagen, dass die eine gut oder besser ist als die andere.

Unter den vielen, vielen Anbietern gibt es sehr viele Unterschiede, sowohl von den Anforde-rungen, vom finanziellen Einsatz, vom Umkreis, von der Zielgruppe, von der Seriosität her - und so ist es nicht ganz einfach, die richtige Partnerbörse für sich auf Anhieb zu finden.

Ich habe mir vorher überlegt worauf es mir ankommt, und so durchforstete ich Vergleichs-portale, Bestenlisten, hörte auf Empfehlungen und Ratschläge. Auch schaute ich mir verschiedene Portale an und war auch anfangs bei einigen zeit-gleich angemeldet.

Eine Anmeldung bei mehreren Plattformen ist möglich, aber nicht unbedingt sinnvoll, es spart keine Zeit und bietet keine Vorteile. Ich dachte dies fälschlicherweise auch und habe ziemlich viel ausprobiert.
Sehr schnell fand ich heraus, dass man zu viel präsent ist und dadurch auch schnell langweilig oder bedürftig wirkt. Genauso, wie wenn man zu lange auf ein und derselben Singlebörse bleibt.

Mir selbst z.B. fiel es immer unangenehm auf, wenn ich einen Mann zu oft auf verschiedenen oder auch zu lange nur auf einer Partnerbörse sah. Er wirkte auf mich wie ein Ladenhüter - und warum sollte es den Männern nicht genauso bei mir gehen?

Mein Tipp:
Höchstens bei zwei Singlebörsen gleichzeitig anmelden. Wenn eine davon dann doch nicht so richtig passt, einfach mal dort pausieren oder abmelden, die passendere beibehalten und später ggfs. eine andere wieder dazunehmen.

Vorab informieren konnte ich mich durch mein Recherchieren und Ausprobieren verschiedenster Partnerbörsen über kostenlose Angebote, Handhabung, Erweiterungen gegen höhere mtl. Beiträge, Verteilung Männer-/Frauenanteil, Altersgruppe, Reichweite. Erst mit der Zeit und nach einigen verschiedenen Anmeldungen ergab sich für mich, welcher Anbieter meinen Wünschen am nächsten kam.

Gemerkt habe ich sehr oft, dass viele Anfragen kommen, wenn man ganz neu ist. Das lässt aber dann schnell nach, man ist ziemlich schnell uninteressant, wenn man länger oder überall dabei ist.

Mein Tipp:
Wenn sich nach anfänglichem Erfolg nicht mehr allzuviel bewegt, dann ist es Zeit für eine Pause

auf der Plattform. Sich nach einer Weile mit einem neuen überarbeiteten Profiltext und aktuellen, neuen Fotos zu zeigen bringt schnell wieder neue Anfragen.

Und was auch noch ein Grundsatz sein sollte:
Jeder sollte darauf achten, dass die Präsentation und der Umgang miteinander immer seriös, ehrlich, höflich und freundlich ist. Auch wenn andere das nicht immer tun, so habe ich dies ganz strikt eingehalten, damit der Ruf der Partnersuche über das Internet nicht (noch mehr) leidet.

Und nun möchte ich meine persönlichen Erfahrungen mit den Partnerbörsen, auf denen ich mich bewegt habe, schildern, ohne auf die einzelnen Bedingungen dieser einzugehen (die kann man ja selbst im Internet nachlesen). Es gibt natürlich unzählige weitere Anbieter.

Kissnofrog - Finya - Friendscout24
Das waren meine ersten Versuche. Es gab anfangs viele Anfragen, auch einige Treffen - ich hatte schnell den Eindruck, dass dort nicht ernsthaft gesucht wird. Es waren leider nicht die Partner dabei, die für mich infrage kamen.

Parship - Elite
Aufgrund der Werbung und den ersten Rängen (aha?) bei Vergleichsportalen entschloss ich mich doch einmal für eine Mitgliedschaft. Jedoch fand ich diese Plattformen schnell total unpassend und ärgerlich für mich. Hohe Mitgliedsbeiträge mit unterschiedlichen Laufzeiten, entweder gar keine

bzw. nur verpixelte oder vernebelte Fotos von vermeintlich Suchenden, nur ganz wenige Anfragen am Anfang mit Fotofreigaben.

Auf meine Rückfrage bei diesen Anbietern nach klaren Fotos wurde immer die Diskretion herausgestellt, denn in diesem gehobenen Genre wolle sich angeblich keiner unbedingt öffentlich für jeden sichtbar zeigen. Der Inhalt und nicht das äussere Paket wäre ja sowieso wichtiger. So ungefähr wurde argumentiert. So jedoch war das dann nichts für mich, denn mir fehlte das Indiz für die Ernsthaftigkeit der Suche bzw. ob es sich tatsächlich bei Anfragen um ein echtes Profil handelt. Und was sich inkognito wohl alles so tummelt mit welchen Absichten?

Viel ist auf beiden Plattformen für mich nicht passiert. Einige durchwegs nette Männer, kurze schriftliche Kontakte - jedoch dann doch nicht passend für mich (hauptsächlich wegen der Optik beim späteren Freischalten der Fotos. Gleich sichtbar im Profil wäre es sofort erledigt gewesen). Also stand für mich schnell fest: zukünftig nur noch Anbieter mit erkennbaren Profilfotos!

Nach kürzester Zeit bereits erlosch mein Interesse, ich bin gar nicht mehr zum Nachschauen in meinen PC und kündigte schnell zum nächstmöglichen Termin. Es war für mich persönlich eine relativ teure Angelegenheit wegen der Kündigungsfrist, aber abgehakt als Erfahrung.

Jedoch möchte ich klarstellen, dass es mir fern liegt, diese Anbieter schlecht zu machen, es mag für andere Menschen genau richtig und erfolgreich sein, ich gebe hier meine eigenen persönlichen Erfahrungen wider.

Badoo

Das hatte ich über eine Freundin gefunden, die tatsächlich ihren Lebenspartner (jetzigen Ehemann) relativ schnell hierüber gefunden hat. Ausnahmen bestätigen die Regel!
Die App fürs Handy fand ich sehr gut - denn egal, wo ich war zeigte es mir Interessenten aus der Umgebung (so z.B. auch während meines Italienurlaubs). Es entstand viel nettes Hin und Her (wie bei WhatsApp), natürlich anonym.

Allerdings tummeln sich da die meisten nur mit Flirtinteressen - also Aufpassen! Ganz nett als Zeitvertreib.

Lavoo

Ist vergleichbar mit Badoo. Ich hab nur mal kurz reingeschaut.

Lokalisten

Diese Plattform besteht inzwischen nicht mehr, der Betrieb wurde eingestellt.
Es war eine Plattform in der unmittelbaren Nähe des Wohnortes und wurde viel genutzt von Schülern, da sie der Wer-kennt-wen App ähnelte.

Eine Freundin von mir hatte tatsächlich hierüber Ihren heutigen Ehemann kennengelernt, deshalb hatte ich sie ausprobiert.

Ich habe hier einige lustige, interessante, nette Erfahrungen gemacht, die ich nicht missen möchte.

Der Vorteil bei Lokalisten war, dass für ein Treffen keine lange Anfahrt nötig war, der Nachteil, dass man seinen halben Wohnort darin fand. Vor Männern, die trotz Bindung angeblich die Partnerin fürs Leben suchten, war man auch hier nicht gefeit.

Diverse, wie Über 50, Seniorentreff usw.
Da habe ich mich ganz schnell verabschiedet, da kam überhaupt nichts - anscheinend aufgrund der geringen Mitgliederzahl, da bewegt sich gar nichts!

Dating Cafe - Neu.de - Single.de
Das sind Plattformen, von denen ich gehört habe, aber nie angemeldet war. Teilweise sind sie untereinander vernetzt, d.h. Anfragen kommen von Interessenten, auf deren Plattform man gar nicht ist.

Aber ich persönlich kann hier keine Erfahrungen beisteuern, alles andere wäre nur vom Hören/Sagen.

Bildkontakte
Diese Partnerbörse setze ich an den Schluss, da es meine absolute Lieblingsplattform ist!

Das war endlich eine kostenlose Partnerbörse, die zwingend ein Foto vorschreibt! So hat man zumindest schon einmal einen ersten Eindruck und damit meiner Meinung nach auch ein wenig

Seriosität. Eine Registrierung ist nur mit Foto möglich. Gut, viele Fotos sind bearbeitet oder aus besseren Zeiten aber zumindest vorhanden. Generell habe ich persönlich ausschliesslich gute Erfahrungen hier gemacht. Auf dieser Platform war Leben!

Es kamen auf Anhieb viele Anfragen von unterschiedlichen Männern (und auch von einer Frau!) von überall - auch der Schweiz und Österreich -, und das über einen längeren Zeitraum hinweg.

Später dann mit einem nochmals überarbeiteten sehr guten, aussergewöhnlichen, ansprechenden Profiltext (das musste ich auch erst lernen) bekam ich die richtig interessanten Anfragen/Angebote. Und mein Traummann war dabei!

Womit musste ich nach Anmeldung rechnen, und wie verhielt ich mich?

Leider ist es so, dass bei der Darstellung der Profile oft und viel gelogen wird. Es ist unglaublich, wie viele Fotos "aus besseren Zeiten" stammen, bildbearbeitet sind oder wie beim Alter geschummelt wird. Das alles habe ich blauäugig nicht gewusst bzw. nicht geglaubt, aber immer wieder von den Männern, die ich traf, gehört.

Und vor allem beim Beziehungsstatus biegen sich die Balken! Ich war sehr erstaunt, wer sich alles so herumtummelt und nach Partnern sucht, obwohl verheiratet oder in fester Beziehung - jaja, einige mir bekannte Familienväter habe ich auch gefunden. Auch da stehen aber die Frauen den

Männern sicherlich in keiner Weise nach. Schade und erschreckend!

Ich war auf der Hut, um mich vor schlechten Erfahrungen zu schützen. Dazu erzähle ich dann mehr in der Schilderung der Einzeltreffen.

Generell ist leider zu sagen, dass die Partner-börsen oder die Partnersuche übers Internet keinen allzu positiven Ruf hat - aber wer macht es dazu?
Natürlich die, die drin sind und sich präsentieren! Und die vielen mündlichen Erzählungen unter-einander über schlechte Erlebnisse machen es auch nicht besser! Bei Nachfragen stellt sich dann oft heraus, dass keiner besser ist. Sowohl Männ-lein als auch Weiblein lügen, geben falsche Angaben, fälschen die Fotos, erwarten Ehrlichkeit und Ernsthaftigkeit ohne es selbst zu bieten.

Also mir war klar, dass ich nur seriöse Männer herausfiltern kann, indem ich genau das gebe, was ich auch haben möchte - und das ist (bis aufs Pseudonym) Ehrlichkeit in den Angaben, im Profil-text bzw. der Selbstpräsentation und vor allem beim Aussehen. Fotos, Status und alle weiteren Angaben müssen aktuell und richtig sein.

Was nutzt es, wenn ich z.B. angebe, dass ich Motorrad fahre und meine Maschine bereits vor 15 Jahren abgemeldet habe, dass ich immer zum Segeln gehe und eine Wasserratte bin aber gar nicht schwimmen kann? Oder wenn ich Fotos einstelle, man mich beim Treffen dann aber leider nicht erkennt, weil ich inzwischen 20 Jahre älter und 15 kg schwerer bin?

Viele Männer, die ich traf waren wirklich erstaunt und erfreut, dass ich tatsächlich so aussah wie sie mich im Internet gefunden hatten. Sie hatten aus Erfahrung mit allem gerechnet und mir erzählt, dass sie sich bei einigen Treffen mit Frauen gar nicht zu erkennen gaben oder es höflicherweise bei einer schnellen Tasse Kaffee beliessen, da die Fotos mit der Realität absolut nichts zu tun hatten.

Allerdings ist mir das auch einmal bei einem Mann passiert...

Wie wahre ich meine Anonymität? Worauf musste ich achten, ganz wichtig!

Als allererstes Gebot galt für mich, anonym zu bleiben. Nicht, weil ich etwas zu verbergen habe oder niemand wissen durfte, dass ich auf diesem Weg einen Partner suche.

Nein, nur zum Selbstschutz vor irgendwelchen dubiosen Angeboten, Stalkern, Betrügern, usw.. Ich wollte weder um Geld angebettelt werden noch, dass eines Tages jemand einfach vor meiner Türe steht oder jemand ein Nein nicht akzeptiert und ich ihn nicht loswerde!

Das sind Ängste, die wohl jede alleinstehende Frau hat - aber mit guter Überlegung und Konsequenz ist das vermeidbar und das Internet kein gefährliches Bewegungsfeld.

Als eine Frage der Höflichkeit verstand es sich von selbst, dass ich auf jede Anfrage antwortete - ausser sie war wirklich zu plump! - und auch bei einer Absage freundlich und höflich blieb, mich bedankte, alles Gute und Erfolg für den weiteren Weg wünschte. Dies auch, wenn es bei der Gegenseite manchmal nicht so war. Denn somit sind wir wieder beim Image, was so viele bemängeln aber selbst mit verursachen.

Warnung vor Gefahren im Internet und wie schütze ich mich vor Heiratsschwindlern/ Betrügern/Romance Scam/Nigeria Connection und Deppen?

Nun komme ich zu einem Punkt, vor dem jede Frau Angst hat. Man hofft auf die grosse Liebe und hat doch die Befürchtung, dass man dann vielleicht auf jemanden hereinfällt, der nur Gefühle vorgaukelt, um irgendwelche Vorteile - hauptsächlich finanzieller Art - für sich zu erlangen.

Diese Gefahr war bei mir schon mal nicht gegeben, da ich einfach kein Geld habe, das ich verlieren könnte. Somit war ich, glaube ich, zumindest finanziell vor bösen Absichten geschützt.

Allerdings möchte ich es keinesfalls von der Hand weisen, dass man sich nach einem persönlichen Kennenlernen und Pflegen der Beziehung vielleicht so sehr verliebt, dass man sich dann ggfs. für diese Liebe verschuldet und alles möglich macht, um sie nicht zu verlieren.

Was ich persönlich jedoch überhaupt nicht nachvollziehen kann ist, wenn jemand bereitwillig sein Geld hergibt oder ins Ausland schickt für jemanden, den man noch nie im Leben persönlich gesehen hat!

Die Enttäuschung und die Schmerzen nach der Erkenntnis, wenn man dann leider doch einsehen muss, dass man nur ein Spielball, eine unter vielen war und einem skrupellosen Betrüger zum Opfer gefallen ist - das möchte ich mir gar nicht erst vorstellen!

Heiratsschwindler:
Ich glaube, egal wie vorsichtig man ist, davor ist niemand gefeit, wenn die Hoffnung und die Verliebtheit zu gross ist. Aber sobald es um Geld geht, Finger weg und Schluss!

Gerade wieder habe ich über so einen Fall gelesen. Da wurde am Anfang verwöhnt mit einer Reise und versprochenem Auto, dann schnell sogar ein Kind gezeugt, die Hochzeit immer wieder verschoben und hinterher stellte sich heraus, dass alles bei diesem Mann gelogen war (er war vorbestraft, hatte bereits selbst drei Kinder und Kontakte zu mehreren Frauen). Er hat die gut-gläubige Frau in diesem Fall und deren Tante um sehr viel Geld betrogen! Ob das gemeinsame Kind sie getröstet oder den Hass wegen diesem Betrug auf sich gezogen hat, möchte ich gar nicht wissen. Armes Wesen!!!

Also bei mir ist es generell so, dass ich, sobald es um die Bitte nach Geld geht, eiskalt werde und jedes Anzeichen von Verliebtheit weg geht - einen Mann mit solchen Sorgen und Problemen hätte ich sowieso niemals haben wollen!

Auch hatte ich in meinem ganzen Leben trotz fester Partnerschaft und Ehe immer mein eigenes Konto, worüber nur ich verfügen kann. Da lasse ich niemanden ran!
Und dass ich meine finanziellen Angelegenheiten in die Hand eines anderen gebe kam für mich nie infrage! Vielleicht ist das generell eine Überlegung wert?

Mein Tipp:
Auch nach der Festigung der Partnerschaft behält jeder sein eigenes Konto. Für das spätere Bestreiten gemeinsamer Kosten kann dann gerne ein gemeinsames Konto eröffnet werden, auf das beide einzahlen und alles Gemeinsame davon bezahlen.

Ich kann es nicht oft genug wiederholen: Die Realität darf aufgrund Verliebtheit niemals auf der Strecke bleiben! Liebe kann/muss man nicht er-kaufen, es ist ein freiwilliges Miteinander, wo dennoch jeder für sich selbst verantwortlich ist! Nur das ist eine Partnerschaft auf Augenhöhe.

Romance Scam/Nigeria Connection:
Schon mal was davon gehört? Auch ich war
ahnungslos!

Das funktioniert so: Es kommen Anfragen von
attraktiven, interessierten Männern, meistens angeblich Amerikaner, oft aus dem Militär mit entsprechenden Auszeichnungen. Die Profile stellen
sich immer als gefälscht bzw. gestohlen heraus.

Die Wahrheit ist, dass z.B. wie in einem Callcenter
mehrere Afrikaner (daher der Name Nigeria
Connection) in einer vergammelten Hütte auf
Feldbetten sitzen, jeder mit einem Laptop auf den
Knien. Sie klauen Fotos von sympathischen
Menschen, erstellen ein Profil und kontaktieren
Frauen bzw. werden aufgrund der ansprechenden
Fake-Fotos angeschrieben.

Wenn der Fisch an der Angel ist, wird langsam
nach und nach Vertrauen aufgebaut, vereinbarte
Treffen werden immer wieder mit Ausreden verschoben und irgendwann wird mit ergreifendsten
Geschichten um Geld gebeten bzw. sogar ge-
fordert.

Natürlich gibt es das auch von anderen Gangster-
banden und Ländern, also Russland, Indien und
auch Deutschland usw..

Trotz so vielen Warnungen werden leider immer
wieder recht viele Frauen Opfer dieser üblen
Gangster! Und es ist eine Tatsache, dass auch
partnersuchende Männer in derselben Art betrogen
werden, nicht nur Frauen.

Gerade vor kurzem sagte eine damit befasste Kripobeamtin im Fernsehen, es sei unverständlich, dass Menschen (Männer wie Frauen) bei Spendenanfragen für humanitäre Zwecke nicht so schnell ihr Portemonnaie öffnen wie für die Geldforderung eines Fremden, von dem man Liebe erhofft. Das ist doch schon sehr traurig, oder?

Noch einmal:
Bitte niemals in der Partnerbörse und darüber hinaus private Daten bekanntgeben, höllisch aufpassen und sofort abbrechen, sobald herzzerreissende Geschichten kommen, die dann in anfangs kleinen, dann in immer höher werdenden Geldforderungen enden.

Spätestens bei der ersten Bitte/Forderung nach Geld sofort die entsprechende Partnerbörse informieren (die Korrespondenz aufheben!). Dort bekommt man Rat und es wird der Angelegenheit auch in eigenem Interesse nachgegangen. Kein Anbieter möchte so etwas auf seiner Plattform haben!
Und unabhängig davon auch beim nächsten Polizeirevier Anzeige erstatten mit Vorlage des Schriftverkehrs. Falscher Stolz und Scham sind hier absolut fehl am Platz! Die Partnersuche im Internet ist   nichts Anrüchiges und wird auch entsprechend seriös und diskret behandelt!

Gerade jetzt wurde eine Bande Afrikaner, die sogar hier in Deutschland agierte, geschnappt.

Ich würde mir immer erst die Frage stellen, warum ich überhaupt jemanden Geld schicken sollte, und zudem noch jemanden, den ich noch nie gesehen habe, also gar nicht kenne?

Immer und immer wieder wird vor solchen Betrügern gewarnt - auch auf speziellen Seiten im Internet oder auf Facebook. Wenn man bei Google "Love Scam", "Romance Scambaiting", "Nigeria Connection", "Vorschussbetrug - Wikipedia" u.ä. eingibt, gehen einem die Augen über! Es gibt auch Seiten mit Listen und Fotos von solchen Betrügern, die sehr hilfreich sind.
Die Seite "RSB-Forum" auf Facebook kann ich empfehlen, sie ist immer aktuell.

So, ich denke, jetzt ist genug gewarnt und ich komme wieder auf unser Thema zurück, denn das soll nicht von der grandiosen Möglichkeit der Partnersuche über das Internet abhalten. Ich kann immer nur wieder betonen, dass es nicht gefährlich ist, wenn man sich an diese ganz einfachen Regeln hält.

Und ich persönlich habe auch niemals ein Erlebnis in dieser Richtung auch nur annähernd gehabt.

Mein Tipp:
Mit einer eingeweihten, guten Freundin (oder anderen Vertrauensperson), die als Unbeteiligte objektiv auch ein bisschen mit auf die Sache schaut, die evtl. objektiver und schneller Unstimmigkeiten bemerkt und die einem auch mal den Kopf zurechtrückt, wird sowieso nichts negatives

passieren. Und auch dazu hat man doch eigentlich diese eine Freundin!

3.) Fragen zum organisatorischen Vorgehensweise und Ablauf:

Wie melde ich mich nun an?

Das Anmeldeprozedere auf den verschiedenen Singlebörsen ist meistens ähnlich. Die unterschiedlichen Bedingungen und was man geboten bekommt, muss man dann bei dem einzelnen Portal nachlesen.

Bei der Anmeldung gibt man neben dem richtigem Namen, Adresse, Geburtsdatum ein Pseudonym (also einen Fantasienamen) an. Die persönlichen Daten werden vertraulich behandelt und geschützt, im Portal selbst erscheint immer nur das Pseudonym. Das ist der erste Part.

Danach wird man dann zur Profilerstellung durch verschiedene Fragen und Angaben geleitet, die wiederum sichtbar sind und ja auch sein sollen.
Jederzeit kann man sein Profil ändern, ergänzen, für eine Pause stilllegen oder löschen.

Zuallererst ist also ein Pseudonym zu wählen - und da war ich schon etwas überfordert.
Vornamen vorwärts, rückwärts und verschiedene nette Sachen wie z.B. "Liebe 2015", "Neuanfang" oder so wurden gleich verweigert, da sie angeblich immer schon anders vergeben waren.

Anscheinend sind die Menschen so einfallslos wie ich, dass alle immer ähnliches nehmen.

Mein Tipp:
Wenn einem gar kein Pseudonym einfällt, gibt es Namenkreatoren im Internet, die einem Fantasie-namen oder Vorschläge von keltischen, indiani-schen, zufälligen Namen anbieten - und deren (angebliche) Bedeutung. Da wird sicherlich was dabei sein, was andere nicht haben.

Alter, Wohnort, Beruf, Hobbys werden ebenfalls meistens abgefragt und man entscheidet selbst, was man angeben möchte. Das ist gut aber auch schlecht.

Es schwirren leider sehr viele Profile herum, bei denen wirklich nur ganz wenig Angaben zu sehen oder vorbereitete Fragen nur lieblos, kurz, in Rätseln oder gar nicht beantwortet sind. Für einen eigenständigen Text reicht die Mühe dann oft schon gar nicht mehr! Solche Profile sprechen bereits im Vorfeld Bände und mehrfach bin ich z.B. bei der Angabe zu eigenen Kindern über: "Finde es heraus!" gestolpert. Was soll das denn? So ein Quatsch!

Auf mich machte so etwas immer den Eindruck, dass sich hier jemand angemeldet hat, der mal schnell was sucht, vielleicht gebunden ist und sich bedeckt halten muss, der bei etlichen Partner-börsen angemeldet ist, dem das Ausfüllen zu mühevoll ist oder der einfach keine Lust hat, etwas von sich preiszugeben. Man bekommt dafür sehr schnell einen Blick.

Und eigentlich sind das absolut schlechte Voraussetzungen für erfolgreiche Kontaktaufnahmen, oder? Ich jedenfalls wollte keinen dieser Männer kennen lernen und habe sie ganz schnell weggeklickt.

Mein Tipp:
Nicht einfach nur anmelden mit den nötigsten Angaben, sondern dann lieber erst später ausführlich nach einer sehr guten Vorbereitung.

Wie erstelle ich ein ansprechendes Profil? Wie stelle ich mich dar?

Eigentlich ist es ganz einfach:
Das A und O ist ein sehr guter Profiltext und ansprechende Fotos! Damit steht und fällt der Erfolg - und jeder zieht nur an, was er auch selbst repräsentiert!

Bei der Einrichtung, nachdem die Registrierung erledigt und bestätigt ist, folgt ein ehrlicher, aussagefähiger Profiltext, sprich: Selbstbeschreibung. Es ist die Visitenkarte und darf nicht unterschätzt werden. Meine Texte habe ich aus der Erfahrung heraus öfters geändert, denn anfangs bekam ich u.a. unpassende, freche, niveaulose, sexuell motivierte Anfragen, bis ich mich wirklich mal damit auseinandersetzte und mir Zeit dafür nahm.

Beim Ausarbeiten meiner Selbstbeschreibung habe ich mich immer selbst gefragt, ob mir mein Text gefällt, ob er ansprechend geschrieben ist, ob er alles sagt, was ich von mir zeigen will und ob ich selbst auf so einen Text mit Freude antworten würde.

Als Unterstützung habe ich viel im Internet gegoogelt, und bei guten Partnerbörsen bekommt man auch hierfür Hilfe, Mustertexte, Anregungen. Daraus habe ich mir dann meinen Text zusammengebastelt. Natürlich musste er authentisch sein und zu mir passen. Mit immer wieder neuem Überlesen merkt man dann schon, wenn er stimmig ist. Und siehe da: der richtige Text hat dann bei mir alles geändert!

Mein Tipp:
Überlege, ob Du Dich lustig oder ernsthaft darstellen möchtest und was Du in einer kurzen Selbstbeschreibung mitteilen willst. Es hilft sicher, vorher in Stichworten aufzuschreiben, was der andere wissen soll/muss.

Meinen letzten, am besten passendsten, Profiltext zeige ich Dir als Muster nachfolgend:

Muster Profiltext:

Warum ich hier bin? Ich denke, warum jeder hier ist - um vielleicht genau Dich kennen zu lernen?

Sich selbst zu beschreiben, ist immer schwierig und evtl. auch ein bisschen anmassend. Am besten bildet Du Dir selbst Deine Meinung.
Wie ich aussehe, siehst Du ja bereits - meine Fotos sind aktuell und die Rahmenangaben stimmen auch.

Gut, dann fange ich mal an: Generell bin ich zugänglich und liebevoll, aber auch sehr selbständig und nicht bedürftig. Ich habe inzwischen Frauengespräche satt und lieber einen interessanten Mann mir gegenüber.
Mein Gedankengeflecht ist manchmal etwas kompliziert, meine schlechten Eigenschaften vertusche ich gern ein wenig. Aber dafür schnurre ich, wenn es mir gut geht. Trotz oder gerade weil ich Frau bin, kann ich es durchaus zulassen verwöhnt zu werden.

Discos und Menschenansammlungen sind nicht mein Ding, aber es passiert schon mal, dass ich mit Freunden in einer netten Kneipe kein Ende finde. Und bei entsprechenden Anlässen brezel ich mich auch gerne mal auf.

Ich lebe gerne in meiner modernen Wohnung unter denkmalgeschütztem Dachgebälk, mache gerne Urlaub an Plätzen, wo ich keine Sandalen mit Frotteesocken, Möchtegern-Tarzans und grellbunte Freizeitmode sehen muss. Deshalb reise ich gerne in Deutschland umher oder bin für Städtetouren zu begeistern. Ein langer Spaziergang durch einen Laubwald im Herbst oder in hohem Schnee macht mich glücklich, bei einem Sonnenuntergang am Meer bin ich total ergriffen. Ich liebe Tiere, speziell Hunde und Katzen und lehne Zoo und Zirkus total ab. Ich lese Bücher, bevor sie mir auf einer Bestsellerliste empfohlen werden und bekomme die Krise bei Plattitüden wie"Carpe Diem" oder "halbvollen/halbleeren Gläsern".

Dummen, plumpen, ungepflegten und intoleranten Menschen gegenüber bin ich eher abgeneigt.
Ich kann die Welt da draussen nicht ändern, aber meine Welt bestimme ich für mich.

Soviel zu mir und meinem ausführlichen Profil. Möchtest Du auch etwas von Dir erzählen? Wer bist Du? Was machst Du so? Was wünschst Du, hier zu finden? Das alles interessiert mich natürlich sehr.

Selbstverständlich(?) gehe ich davon aus, dass die Fotos und Angaben in Deinem Profil aktuell sind, für Überraschungen und auch für Altlasten habe ich keine Geduld. Dein Status sollte bitte auch stimmen. Als Geliebte oder Zeitvertreib bin ich nicht geeignet.

Um auf meine erste Zeile zurück zu kommen, vielleicht bist genau Du es?
Dann nichts wie ran, mit einer Nachricht zum ersten Kennenlernen. Ich freue mich auf Dich. . .

Fotos

Hier galt für mich absolute Ehrlichkeit. Natürlich habe ich darauf geachtet, dass ich mich mit netten Fotos präsentiere, auf denen ich mich selbst attraktiv fand. Je nachdem, was auf der Plattform möglich war, habe ich mindestens zwei Fotos (jeweils ein Ganzkörper- und ein Porträtfoto) herausgesucht. Wenn mehrere Fotos möglich waren, so habe ich eine gute Mischung eingestellt, die mich zeigt, wie ich bin. Und vor allem war es wirklich wichtig, dass ich mir auf den Fotos selbst gefiel!
So zeigte ich mal ein Foto aus meiner Freizeit, eines in etwas festlicherer Kleidung, evtl. eines in Hosen und eines im Rock/Kleid. Selbstverständlich war, dass sie relativ aktuell sind und dass auch der Hintergrund passte.

Denn auch da glaubt man nicht, was man so alles aus Fotos herauslesen kann, wie sich Menschen selbst sehen, was sie darstellen wollen oder was sie besser vermeiden sollten!
Es ist nicht vorteilhaft, wenn ich mich unpassend zu meinem Äußeren vor einem Porsche, der gerade so herumsteht, zeige oder wenn im Hintergrund ein unaufgeräumtes Zimmer zu sehen ist.

Männer mit Fotos, wo das Bett im heimischen Schlafzimmer im Hintergrund ist, Fotos in Tarzanpositur mit nacktem Oberkörper oder angeberisch in irgendeinem Sportwagen oder Segelyacht landeten bei mir sofort im virtuellen Papierkorb.

47

Noch schlimmer empfand ich es, wenn ich Fotos mit einem total unaufgeräumten Hintergrund oder in einem total vollgepackten, verkitschten, altmodischen, kleinbürgerlichen Möbelstil sah, der mir auf Anhieb genau den Typ Mensch zeigte, den ich so gar nicht in meinem persönlichen Leben haben möchte.

Also, ich selbst fand Fotos am ansprechendsten, die mir einen fröhlichen, offenen Menschen in einem schönen, nicht übertriebenen Umfeld zeigten, und so hielt ich es mit meinen Fotos auch.

Mein Tipp:
Ein relativ aktuelles Foto, das ein nettes freundliches Gesicht zeigt und den ganzen Körper in gepflegter, netter Kleidung in einer ansprechenden Umgebung wirkt immer gut. Und auch gut ausgewählte Schnappschüsse eignen sich, wenn sie gut zum Profiltext passen.

Das Wichtigste wirklich ist, dass es sich um relativ aktuelle Fotos handelt, das sollte eigentlich von selbst klar sein - ist es aber leider oft nicht!

Ich hatte auch bis dato keinen blassen Schimmer oder geahnt, dass gerade bei Fotos auf Teufel komm raus geschummelt wird. Naiv habe ich das erst später gehört und nicht glauben können, da ich für so etwas keinen Sinn erkennen konnte.

Mehrere Männer monierten, dass sich beim Kennenlernen vorher gesehene Fotos von Frauen als total geschönt und absolut nicht aktuell herausstellten. Natürlich ist es sicherlich umgedreht genauso, aber ich verstand und verstehe nicht, warum und wieso jemand das tut. Es kommt doch sowieso die Wahrheit ans Licht, sobald mich mein Gegenüber persönlich sieht.

Ich fand keine Worte, als mir ein Mann erzählte, er hätte eine Frau direkt darauf angesprochen, dass zwischen der Realität und ihrem Foto Welten lagen und sie zur Antwort gab: "Ja, ich dachte mir, irgendwann bleibt mal einer hängen!" Eigentlich sehr traurig! Auf diese Art wird die Suche ewig dauern und mit viel persönlicher Schmach behaftet sein.
Vielleicht hätte sie mit einem realen Foto viel schneller einen Partner gefunden, der sie genauso will wie sie wirklich ist?

Und tatsächlich - es ist leider kein Einzelfall! So sind wir wieder hier beim Ruf von Internet-Plattformen, den ja jeder einzelne prägt, leider auch gerade mit solchen Dingen!

Also, falls Du in Erwägung ziehst, Dir einen vermeintlichen Vorteil durch falsche Angaben, Fotos und Schilderungen zu verschaffen, so wird das nicht funktionieren. Diese Mühe wird sich nicht lohnen und zurück bleibt nur Frust, bis Du es entsprechend änderst oder frustriert aufgibst!

Und immer daran denken: Der beiderseitige Betrug fängt mit so etwas schon vor einer eigentlichen Beziehung an. Hat das eine Chance?

Gleiches zieht Gleiches an und so wird man viele Menschen finden, die ähnlich sind, wie man sich selbst präsentiert.

Wenn ich schlampig und ungepflegt bin, wird sich auch so jemand melden. Bin ich übertrieben sexy oder extrem geschminkt, geschönt, geliftet oder mit Fotoshop bearbeitet, so werde ich auch nur jemanden finden, der sehr auf Äusserlichkeiten Wert legt - und vielleicht leider nur darauf.

Prüfliste für Dich:

1. Hast Du Dir diverse Partnerbörsen anschaut und Dich für eine entschieden? Oder für mehrere?

2. Ist Deine Vertrauensperson ausgesucht und informiert, so dass sie ein wenig mit über die ganze Sache schaut?

3. Hast Du alles für die Anmeldung vorbereitet?

4. Hört sich Dein Pseudonym gut für Dich an? Stehst Du dahinter?

5. Ist Deine anonyme Emailadresse (ggfs. gleich lautend mit dem Pseudonym) eingerichtet?

6. Würdest Du auf Deinen eigenen Profiltext mit Freude antworten?

7. Sind Deine Fotos aktuell? Zeigen sie einen fröhlichen, optimistischen Menschen?

Erste Kontaktaufnahme

Ob der Kontakt durch mich oder durch mein Gegenüber hergestellt wurde, hielt sich in etwa die Waage. Wenn mir ein Mann vom Foto und seiner Selbstdarstellung her gefiel, habe ich genauso den Kontakt aufgenommen wie auch ich Anfragen erhielt.

Der anfänglichen Anonymität wegen habe ich alles immer ausschliesslich über die jeweilige Plattform gemacht. Überrascht hat mich, dass ca. die Hälfte der Männer sofort den richtigen Namen, Tel.Nr. und offizielle Emailadresse angaben. Ich hielt es anerkennend für einen enormen Vertrauens- vorschuss, aber dennoch hielt ich mich diesbe- züglich länger zurück.

Was ich allerdings immer als erstes tat, sobald ich genauen Namen und Email-Adresse hatte, war, den Namen zu googeln und bei Facebook zu schauen. Es war sehr oft erfolgreich, irgend etwas gab es meistens - entweder eine Firma, eine Veranstaltung, ein Foto in einer Dorfzeitung von einem Verein/Leserbrief/Artikel oder ein auf- schlussreiches Facebook-Profil.

Erst wenn es "ernster" wurde, habe ich je nach Bauchgefühl meine Email-Adresse (natürlich auch eine speziell dafür eingerichtete anonyme, z.B. über Hotmail oder Yahoo) und in ganz wenigen Einzelfällen je nach Situation und Gegenseitigkeit meine Handy Nr. für WhatsApp gegeben. Bis dahin habe ich mich ausschließlich auf der Plattform der Partnerbörse bewegt.

Worauf ich, wenn ich angeschrieben wurde immer geachtet habe, war eine gute Grammatik und die Art, wie ich angeschrieben wurde. Plumpe Anmache, nur ein "Hey du" oder "Schöne Frau" oder auch nur ein Smiley, Rose oder so ähnliches habe ich sofort in den fiktiven Papierkorb entsorgt und darauf mit einer entsprechenden kurzen Antwort oder überhaupt nicht reagiert.

Zu einer netten, freundlichen Anfrage habe ich mir immer vor meiner Antwort Gedanken gemacht.
Die Kontaktaufnahme ist ja in erster Linie mal ein Zeigen, dass man da ist und Interesse hat. Daraufhin muss man ja nicht gleich sein ganzes Leben ausbreiten! Dafür bleibt dann ggfs. später alle Zeit der Welt.

War eine erste Nachricht ausführlich, hatte sich mein Gegenüber ja auch Mühe gegeben und durch meine entsprechende Antwort habe ich ihm gezeigt, dass es mich freut und ich es anerkenne. Bei nur kurzen Nachrichten verhielt ich mich entsprechend zurückhaltend.

Es gab natürlich auch Einige, die auf meine Kontaktanfrage nicht einmal reagiert haben. Ich habe mich daraufhin nach ca. einer Woche nochmals mit einem netten Text gemeldet, dass wohl doch kein Interesse besteht, mich bedankt und verabschiedet. Manchmal kamen dann darauf hin doch noch die unterschiedlichsten Reaktionen, die sehr aussagekräftig waren - von gar nichts, beleidigt, genervt, entschuldigend bis hin zu einer Terminvereinbarung.

Das waren meine Erlebnisse von schriftlichen Kontaktaufnahmen, die nicht weiter verfolgt wurden, jedoch erwähnenswert sind:

1.

Da gab es eine Anfrage von einer Frau, die freundlich und nett für ihren Mann und sich eine Frau suchte, die gelegentlichen Treffen zu Dritt nicht abgeneigt wäre.
Ihre Anfrage war wirklich überhaupt nicht anzüglich formuliert und wurde deshalb von mir entsprechend genauso freundlich abgelehnt.

2.

G., ein 54-jähriger, sehr sehr attraktiver Italiener (mit ebenso attraktiver Familie auf Facebook!) kontaktierte mich und schickte Bildchen mit Rosen und Küsschen, ganz wenig Text, sonst nichts. Auf seiner Facebook-Seite hatte er 1.200 Freunde (sehr viele Frauen) und ich fand 3 Profile von ihm mit verschiedenem Wohnort (einmal ein Dorf in Rheinland-Pfalz, eines in Limburg/Lahn und noch eines in Berlin). Auf seine anfängliche Nachricht bin ich nicht eingegangen und habe ihn sofort blockiert.
Und ich habe diese Profile sofort an Facebook gemeldet, wo mir mitgeteilt wurde, dass nichts auffällig wäre (?!).

3.

Es schrieb mich ein Mann an, der irgendwo in einer Stadt neu zugezogen war und noch keine Bekannten/Freunde dort hatte. Er wird sich damit sicherlich sowieso recht schwer tun, denn nach zwei Mails hin und her kam am übernächsten

Morgen eine Mail, dass er es unverschämt findet, dass ich mir noch nicht einmal die Zeit für einen Guten-Morgen-Gruss nähme. Na dem habe ich aber (entgegen meines Grundsatzes!) eine gepfefferte Antwort hingeknallt! Und dann blockiert!

Die nachfolgenden Mustertexte habe ich Dir als Idee zur Kontaktaufnahme, Erinnerung, Absage kopiert. Sie können natürlich immer auf die jeweilige Situation abgewandelt und zugeschnitten werden. Und natürlich solltest Du mit Deinen eigenen Worten schreiben.

Mustertexte zur Kontaktaufnahme, Erinnerung, Absage:

<u>Anfragen:</u>

Das habe ich verwendet, wenn mein Foto ohne weitere Kontaktaufnahme mit einem Sternchen markiert oder gut bewertet wurde und mir der Absender gefiel:

Hallo von (PLZ) nach (PLZ),

ganz herzlichen Dank für die Bewertung meines Fotos, es freut mich, dass sie so gut ausgefallen ist.

Da ich keine Nachricht bzw. Kontaktaufnahme erhalten habe, gehe ich davon aus, dass es sich bei dem Voting rein um ein Kompliment handelt und kein weiteres Interesse besteht. So gebe ich - ein wenig traurig - einen freundlichen Gruss zurück und wünsche uns, dass wir unseren Partner finden werden.

In diesem Sinne nochmals lieben Gruss

****

Das war der Text, wenn mir beim Stöbern durch die Profile jemand aus weiterer Entfernung gefiel, mit der Hoffnung, dass er mein Profil anschaut und sich meldet:

Hallo (Name),
ich habe Dein Profil besucht, und ja, es gefällt mir
gut. Schade, schade, dass wir so weit auseinander
wohnen. Ich hätte mich bei Interesse sehr über
einen Kaffee zusammen gefreut.

So lasse ich momentan nur einen Gruss und ein
Kompliment da, vielleicht ergibt sich ja doch
irgendwie die Möglichkeit eines Kennenlernens?

In diesem Sinne, lieben Gruss

****

So habe ich einen Text formuliert, wenn mir ein
Profil gefiel und sich ansonsten nichts tat:

Hallo aus (mein Wohnort),

irgendwie stolpere ich immer mal wieder über Dein
Profil, denn es ist so
aussagekräftig und originell und anders.

Ich habe nochmals Dein Profil besucht, und ja, es
gefällt mir recht gut. So lasse ich momentan einen
schnellen Gruss und ein Kompliment da, vielleicht
hast Du Interesse an einem weiteren Kontakt? Ich
würde mich freuen.

Inzwischen lieben Gruss

****

So schrieb ich, wenn mir jemand gefiel, der mein Profil ohne weitere Kontaktaufnahme angesehen hatte. Vielleicht entsprach ich nicht seinen Profilanforderungen?

Es war von mir dann ein einmaliger(!) Versuch, dass er sich vielleicht doch etwas genauer mit mir beschäftigt:

Hallo,

irgendwie stolpere ich immer mal wieder über Dein Profil, denn ja, doch - mir gefällt sehr, was ich da sehe/lese.

Ich würde mich freuen, wenn Du nochmals mein Profil besuchst (auch wenn ich aus dem Altersrahmen herausfalle?) - vielleicht ist es doch interessant genug für einen gemeinsamen Kaffee? Kann ja nichts Schlimmes passieren. Und (mein Wohnort) ist ja nicht sooooo weit entfernt.

Lieben Gruss

****

Das war meine Antwort, wenn jemand ganz kurz angebunden einen Kontakt zu mir suchte und mir gefiel. Ein bisschen mehr Mühe kann man schon erwarten, oder?:

Hallo,

ganz herzlichen Dank für Deine Aufmerksamkeit - es freut und ehrt mich.

Ja, einen Kontakt kann ich mir durchaus vorstellen und ich würde mich sehr freuen, wenn Du ein bisschen mehr über Dich erzählst, da auf dieser Plattform die Profile nicht allzuviel aussagen.
Gerne komme ich dann darauf zurück.
Ich freue mich über eine Nachricht von Dir, bis dahin

lieben Gruss

****

Diese Zeilen bekamen Männer, die einfach nicht in die Gänge kamen und nur schreiben wollten:

Hallo (Name),

meine Interneterfahrungen sind sicherlich wie Deine.

Für ewig langes Hin-und Hergeschreibe und für etliche schriftliche Parallelkontakte fehlt mir inzwischen die Zeit, Geduld und Interesse.

Ich freue mich über mutige Männer, die Aktivität, Interesse und Bereitschaft zeigen und keine, die nur Unterhaltung aus Langeweile suchen.
Deswegen gerne ein persönliches Treffen in überschaubarem Zeitrahmen.

(nur mein Name als Gruß)

Absagen:

Das waren meine Texte auf gegebene und erhaltene Absagen. Die entsprechende Situation kannst Du gut daraus ersehen.
Wenn möglich, habe ich wegen der Höflichkeit immer den persönlichen Namen eingesetzt:

Hallo ...,

herzlichen Dank für Deine Nachricht, auch wenn sie natürlich nicht das ist, was ich mir gewünscht hätte. Aber ich wünsche Dir aufrichtig alles Gute und dass Du die Richtige für Dich finden wirst für eine gemeinsame Zukunft. Es kommt alles zum richtigen Zeitpunkt, Zufälle gibt es nicht...

In diesem Sinne, lieben Gruss aus

****

Hallo ...,

herzlichen Dank für Deine Nachricht. Ja, es hätte von beiden Seiten nicht gepasst, aber es kommt alles zum richtigen Zeitpunkt, Zufälle gibt es nicht. Der richtige Partner für uns Beide wartet bereits irgendwo...

In diesem Sinne, lieben Gruss aus

****

Hallo ...,

ganz herzlichen Dank für Deine Aufmerksamkeit -

es freut und ehrt mich.

Allerdings bin ich der Meinung, dass verschiedene Punkte nicht zu meiner Vorstellung und somit nicht zu einer erfolgreichen Partnerschaft passen.

Ich wünsche Dir, dass Du die richtige Partnerin findest. Alles Gute für Deinen weiteren Weg.

****

Dieser Text passte immer, wenn ich jemanden los werden wollte - und später tatsächlich bei Anfragen, als ich meinen Partner schon hatte:

Hallo ...,

herzlichen Dank für Deine Mail und Dein Interesse.

Es hat sich allerdings inzwischen über diese Plattform ein Kontakt ergeben, den ich gerne vertiefen möchte. Ich weiss noch nicht, wie es sich weiter entwickeln wird, der Fairness halber stelle ich aber momentan alles andere zurück.

Dir wünsche ich viel Erfolg bei der Suche. Für uns alle ist bereits ein Partner vorhanden, man muss/ wird sich zu gegebener Zeit erkennen.

Alles Gute und lieben Gruss

****

Das habe ich zurückgeschickt, wenn mich jemand anschrieb, der z.B. nicht meinen altersgemässen Wünschen entsprach. Es kann natürlich abgeändert auch für alles mögliche herhalten:

Guten Morgen ......,

ganz herzlichen Dank für die nette Nachricht, sie schmeichelt mir natürlich.

Mein Ziel auf dieser Plattform ist es, auf lange Sicht einen Partner nach meinen Rahmenkriterien zu finden - Unterhaltung habe ich genug im Freundeskreis. Deshalb tut es mir leid Dir sagen zu müssen, dass Du altersmässig aus dem Rahmen fällst.
Und somit sage ich hiermit Lebewohl, bedanke mich herzlich für den netten Kontakt und wünsche Dir (bzw. uns) ganz viel Glück bei unserer Suche.

Mach's gut und lieben Gruss

****

Und das schrieb ich demjenigen, der mir mit guten Wünschen mitteilte, dass ihm z.B. die Entfernung zu gross war. Es kann natürlich auch auf jede andere Ablehnung des Gegenübers verändert verwendet werden:

Hallo ......,

für deine netten Wünsche bedanke ich mich und

wünsche Dir, dass Du direkt in Deiner Umgebung das findest, was du suchst.

Schade, Dein Profil liest sich sehr gut.
Anscheinend habe ich, von mir ausgehend, zu viel hineininterpretiert wie Flexibilität, Mobilität, Überraschung.
Aber wo kein Wille ist, da ist auch kein Weg für eine Freundschaft, die sich evtl. zu mehr entwickeln kann. Entfernung spielt da nicht so eine grosse Rolle, der Wille wohl.

Alles Gute

Erinnerung und gleichzeitige Absage:

Wenn sich jemand auf meinen Kontaktwunsch überhaupt nicht gemeldet oder den Kontakt plötzlich abgebrochen hat, bekam er diese Zeilen abschließend von mir:

Hallo,

ich hätte mich gefreut zu wissen, dass mein Gruss angekommen ist. Nachdem ich aber keinerlei Rückantwort erhalten habe, verabschiede ich mich hiermit und wünsche Dir auf Deiner weiteren Suche recht viel Erfolg.

Lieben Gruss

****

Hallo,

nachdem ich keinerlei mehr Rückantwort erhalten habe, gehe ich davon aus, dass kein Interesse mehr besteht und verabschiede mich hiermit.

Vielen Dank für den netten Kontakt und viel Erfolg bei Deiner weiteren Suche.

Lieben Gruss

Erstes Telefonat

Sehr schnell habe ich festgestellt, dass viele Kontakte ganz schnell im Sande verlaufen sind. Entweder kam gar keine Antwort auf die ersten Zeilen von mir oder endeten nach kurzem schriftlichen Hin und Her. Anfänglicher Begeisterung folgte plötzliches Schweigen.

Ab und zu kam sogar auch mal ein schnelles Treffen zustande ohne vorheriges Telefonat, direkt vereinbart während der schriftlichen Korrespondenz auf der Plattform. Also so geht's auch.

Dann gab es anfangs Kontakte, da haben wir wochenlang hin und her geschrieben, ein Telefonat ging nicht wegen angeblich schlechtem Handyempfang und in Aussicht gestellte Treffen wurden aus Termingründen oder Entfernung immer wieder verschoben. Von solchem halbherzigen Geplänkel aus Unterhaltungszwecken muss man sich sofort verabschieden, sie bringen nichts.

Bereits nach den ersten solcher Erfahrungen hatte ich mir das Ziel gesetzt, sobald ein Kontakt da war, ein ganz schnelles Telefonat zu führen und danach schnell auf einem Treffen zu bestehen. Für ein Treffen hatte ich mir einen Zeitrahmen von höchstens drei Wochen gesetzt.

Es war mir immer lieber, die Telefonnummer meines Gegenübers zu erhalten, als meine preiszugeben. Nach dem ersten schriftlichen Hin und Her auf der Plattform (manchmal sogar sofort) erhielt ich diese und nach anfänglicher Über-

65

windung und Lampenfieber rief ich dann mit unter-
drückter Telefonnummer an.

Beim ersten Telefonat mit einem "Fremden" war
mir natürlich immer etwas mulmig. Aber man
telefoniert so viel rum und eigentlich ging es ja
immer nur um einen guten Anfangssatz, um den
Fuss in die Tür zu bekommen. Also los, aufrechte
Haltung (ich lief immer rum), Lächeln ins Gesicht,
Telefonhörer/Handy schnappen und einfach mal
wählen.

Dann habe ich mich vorgestellt mit "Hallo, ich bin
die (mein Name) aus (die Partnerbörse) und wollte
mich jetzt mal bei dir melden" (oder: "..und wollte
jetzt doch mal hören, wer der Mann ist, der mir so
nett geschrieben hat"). Also alles ganz easy.

Die geführten Telefonate waren interessant, lustig,
ernsthaft oder auch schnell erledigt - je nachdem.
Wenn alles passte, wurde nach 1-2 Telefonaten ein
Treffen vereinbart.

Folgende Telefonate habe ich erlebt, wo sich ein
persönliches Treffen und alles weitere relativ
schnell erledigt hatte:

1.
Es entstand ein Kontakt mit angegebener Telefonnummer, wo ich dann zurückrief.
Es war nachmittag, im Hintergrund hörte ich
ernüchternd den Fernseher und das Gespräch
gestaltete sich etwas schwierig. Mein Gegenüber
verhielt sich nicht so, als hätte er generell Freude
an dem Anruf einer gewünschten eventuellen

Partnerin. Dennoch unterhielten wir uns eine Weile. Er schilderte mir, dass er in einem alten Haus mitten in der Pampa wohnt, zwei Pferde hätte, da dies seine Leidenschaft war und er früher beruflich damit zu tun hatte. Als er mir dann noch erzählte, dass er aufgrund eines entsprechenden Unfalls ein Bein verloren hatte, entschied ich mich zum Abbruch des Gespräches.

Zum einen, da er es nicht ehrlich vorher auf seinem Profil mitgeteilt hatte und zum anderen konnte ich mir nicht vorstellen, in irgendeinem vergammelten Bauernhaus auf dem Land zu wohnen und einen Mann zu pflegen, der aufgrund der Pferde nichts planen konnte und auch nach seinen Aussagen keinerlei Interesse an etwas anderem hatte.

2.

Bei einem weiteren telefonischen Kontakt wurde ich angerufen von einem Malergesellen, der dann aber schnell beendete, weil er sich mit dem Namen meines Wohnortes vertan und eine andere, ähnlich klingende Stadt ganz woanders im Kopf hatte. Er wollte doch nicht so weit fahren, falls es was mit uns würde. Tatsächlich war es so, dass beide Orte für ihn entfernungsmässig gleich waren.

3.

Irgendwann kam ein Kontakt zustande, der zwar weit weg war - am anderen Ende von Deutschland an der Ostsee. Aber dieser Mann hatte ein schönes Foto von sich, groß und stattlich auf einem Pferd. Und alles hörte sich gut an, da konnte man ja mal sehen... Ich liebe ja auch die Nord-/Ostsee.

Er war ein Aussteiger, so Ende 40, total öko und sozial engagiert, mit einem kleinen Bauernhof und einigen Schafen.

Wir hatten viel hin und her gemailt, auch zwei wirklich nette und lustige Telefonate geführt und wollten uns dann auf halber Strecke treffen. Dies kam dann ganz kurzfristig nicht zustande mit irgendwelchen Ausreden von ihm, der Email-kontakt fiel in sich zusammen und zum tollen Reiterfoto stellte sich heraus, dass er vorher nie auf einem Pferd gesessen hatte und dies nur für das Foto getan hatte.

Nichts mit Gutsherr in einer wunderschönen Gegend oder so, schade - er war ein netter Kerl.

4.

Und dann kam ein Kontakt aus der Nähe zu meinem Wohnort. Er hatte ein ansprechendes Foto von sich eingestellt. Ich fand ihn sympathisch, er begann die schriftliche Kontaktaufnahme mit so-fortiger Angabe seiner Telefonnummer und Lobes-hymnen, dass er oft in meiner Stadt sei, aber nie so eine tolle Frau dort gesehen hätte usw..

Das kam mir etwas übertrieben und komisch vor, dennoch rief ich ihn dann an und es war ein sehr nettes, längeres Gespräch. Er erzählte, er arbeite im Schichtdienst, wäre geschieden und kümmere sich sehr um seine kleine Tochter, mit der er nun für ein paar Tage in einen Freizeitpark fahren würde. Und danach würden wir uns dann treffen. Ich erhielt noch eine ganz kurze Info per Mail, dass er sich freue usw. Danach hörte ich nie wieder was von ihm.

Das war mir sehr recht, da ich ihn zwischenzeitlich in anderen Partnerbörsen fand, wo er aktuell total anders aussah, nämlich richtig beleibt und relativ ungepflegt. Das Foto, das ich vorher gesehen hatte, zeigte einen relativ schlanken, sympathischen Mann, das aktuelle Foto hatte damit nichts gemeinsam.

Und eigentlich fand ich einen Busfahrer (daher der Schichtdienst) auch nicht so prickelnd für mich. Also endete somit diese Angelegenheit ganz schnell und problemlos.

Mein Tipp:

Dafür sorgen, dass man fürs Telefonieren ungestört ist, sich gut vorbereiten (mit dem Profil oder Schriftverkehr vor der Nase) und vielleicht anfangs beim Stehen oder langsamen Auf- und Ab-Gehen telefonieren. Es gibt mehr Mut und Überzeugung (das habe ich auf einer früheren Sekretärinnen-Schulung gelernt und finde es immer gut, wenn ich aufgeregt bin).

Zettel und Stift bereithalten für Notizen während des Gesprächs.

Erstes Treffen

Für ein Treffen setzte ich voraus, dass sich mein Gegenüber genauso bewegte, wie ich bereit war. Doch einige erwarteten, dass ich zu ihnen fahre und sie auf dem Sofa sitzen blieben. Andere wollten sofort in meine Stadt kommen.

Ich bestand beim ersten Treffen immer auf einem öffentlichen netten Ort, gerne auf der halben Strecke. Eigentlich nehme ich gerne organisatorische Sachen ab, aber nach den ersten Erfahrungen überließ ich die Planung und Vorschläge gerne ihm. So konnte ich gleich sehen, ob es ihm wert war, sich die Mühe zu machen und die Treffen waren verbindlicher.

Um mich gut und sicher zu fühlen, habe ich mich bis hierhin immer anonym verhalten. Frühestens beim festen Vereinbaren eines Treffens war ich dann bereit, die Handy/WhatsApp-Nummern zu tauschen für unterwegs, falls sich einer von uns verspätet, man sich nicht findet oder so. Das fand ich auch ok.
Für mich war es dann auch kein Problem mehr, ggfs. bei einem Treffen mit meinem Auto vorzufahren. Meine Anonymität hatte ich ja jetzt aufgegeben und wenn er auch mit einem Auto kam, gab es auch ein Kennzeichen von ihm, das zuzuordnen war, falls der Name oder die Identität falsch wäre.

Und zusätzlich gab es ja auch die besagte Freundin, die genau informiert war, wo ich hin fahre, wen ich dort treffe (Name und Handy-Nr.

geben) und mich zu melden, sobald ich auf dem Heimweg war. Erst danach wurden die Daten bei ihr gelöscht. Und genauso haben wir es gegenseitig gemacht, das hat super funktioniert und uns beiden immer Sicherheit gegeben.

Vereinbart war auch, ggfs. das KFZ-Kennzeichen zu schicken, und sollte es irgendwie merkwürdig werden, dem Gegenüber zu signalisieren, dass eine Freundin informiert ist oder vor Ort per WhatsApp informiert wird. Das war jedoch bei keinem Treffen notwendig.

Ganz wichtig war für mich, dass das Treffen an einem öffentlichen Ort stattfand, z.B. in einem Café oder Restaurant. Auch ein Bahnhof eignet sich immer, denn den findet ja wohl jeder.

Jemanden zu mir nach Hause einzuladen, wäre mir nie in den Sinn gekommen.

Ich habe die Treffen in einem Café/Restaurant immer gerne gemacht, da es den grossen Vorteil hat, zu sehen, wie sich das Gegenüber benimmt. Hat er Manieren?

Wie sah es mit der Eingangstüre aus? Hat er sie mir vor der Nase zugeknallt (ist mir auch passiert) oder aufgehalten? Ging er souverän mit der Bedienung um? Was hat er bestellt - war er zu sich selbst geizig? Wie verhielt es sich mit Alkohol? Fing er mit dem Essen an, wenn ich meines noch nicht hatte?

Wie ging er mit der Bezahlung um? Wenn es ans Bezahlen ging kam ich der berühmten Frage der Bedienung "getrennt oder zusammen?" zuvor, indem ich meinem Gegenüber durch das Herausnehmen und Hinlegen meines Portemonnaies zeigte, dass ich selbstverständlich auf das Zahlen meines Anteils vorbereitet bin. Ich habe es öfters erlebt (und das bei den wirklich interessanten Männern!), dass sie wie selbstverständlich ein "zusammen" antworteten und wenn es passte und so gewünscht war, überließ ich mich auch ab und zu einer Einladung. Es war situationsbedingt.

Mein Tipp :
Nach einer Einladung und einem angenehmen Zusammensein ist ein Ausgleich immer eine nette, faire Geste. Es ergibt sich sicherlich die Gelegenheit, dann einen späteren Kaffee, Drink oder ein Eis auf dem Weg zu übernehmen. So haben beide ein gutes Gefühl.

Da fällt mir auch ein, dass sich zwei Männer wirklich Mühe mit einem schönen Treffpunkt machten und sofort dazu sagten, dass sie mich gerne einladen würden. Na, da war doch alles klar!

Nur einmal hatte ich gleich zu Anfang an eine Klarstellung von einem Mann, dass jeder für sich bezahlt. Er hatte einige Treffen, wo die Damen ganz selbstverständlich davon ausgingen, dass er die Rechnung übernimmt und das hat ihm auf Dauer natürlich nicht gefallen. Und auch ich finde es unfair. Mit welcher Berechtigung und warum sollte er es tun?
Er hätte es vielleicht bei mir ein wenig charmanter sagen können, aber nach seiner Erklärung war es verständlich. Und es war dann wirklich ein angenehmes Treffen.

Aber noch einmal zurück:
Der Moment, wo man den anderen erblickt ist wohl der Schwierigste! Eine eventuelle Enttäuschung muss verborgen werden und so habe ich mich vorher in Gedanken immer zur Ordnung gerufen und anerkannt, dass dieser Mann genauso die Zeit und Entfernung auf sich genommen hat wie ich und bedacht, dass er vielleicht genauso enttäuscht von mir ist? Mir ist keines meiner Treffen unangenehm in Erinnerung, ich musste auch nicht mit einer guten Ausrede beenden - ein Kaffee zusammen war immer drin!

Auf jeden Fall, egal ob das Gegenüber toll oder nicht so toll ist - es muss in dem allerersten Moment ein guter Spruch her, damit es locker vonstatten geht.

Und so bin ich halt aus meinem Auto gestiegen, wenn er schon dastand und sagte:
"Hey, du bist ja schon da? Schön, dich zu treffen" oder "Ich wußte gar nicht, was das für ein tolles Städtchen ist. Ich bin die (mein Name), schön, dass du schon da bist".

Manchmal sagte ich auch: "Wenn hier jemand so rumsteht, dann kann er nur auf mich warten" oder "Hey, du musst der (sein Name) sein, du siehst aus, als wartest du auf mich. Ich bin die (mein Name)".

War mein Auto woanders geparkt, bin ich trotz hammermässigem Herzklopfen beschwingt mit einem guten Spruch auf ihn zugelaufen.

Oder, wenn er noch nicht da war, habe ich beschäftigt getan (am Bücherstand im Bahnhof, mit meinem Handy, oder am besten habe ich jemandem in meiner Nähe einfach durch eine Frage in ein Gespräch verwickelt, da konnte ich mich gleich von meiner charmantesten Seite zeigen, fröhlich, freundlich, lachend, interessiert) bis er vor mir stand und ich dann erfreut und offen aufblickte und ihn begrüßte.

Ich habe schnell gemerkt, dass es mir und meinem Gegenüber sofort über die erste Schwelle hilft, wenn ich total locker und voller Freude bin und so tue, als wäre er ein alter Freund und wir würden uns schon ewig kennen.
Das hat immer geklappt und ist mit ein bisschen Übung ganz leicht.

Mein Tipp:
Wenn man sich vor dem Treffen einredet und so tut, als ob man einen alten Freund trifft, den man ewig kennt und sich wirklich freut, ihn zu sehen so ist das hilfreich gegen eine anfängliche Unsicherheit und beiderseitige Verlegenheit.

Prüfliste für Dich:

Erster Kontakt:
1. Hast Du Dir Gedanken gemacht, wie Du für die erste Kontaktaufnahme jemanden anschreiben möchtest und einen entsprechenden Text vorbereitet?

2. Hast Du auf eine erste Nachricht an Dich eine entsprechend nette, passende Antwort parat?

Erstes Telefonat:
3. Sind für das erste Telefonat Störungen ausgeschlossen?

4. Ist Deine Rufnummer unterdrückt, damit das erste Gespräch anonym bleibt?

5. Liegen Profil/Schriftverkehr/Notizzettel/Stift bereit?

Erstes Treffen:
6. Ist Deine Vertrauensperson vorm Treffen mit allen Daten informiert?

7. Hast Du Dir den Ort des Treffens angeschaut, die Route programmiert, ggfs. Bahnticket besorgt oder was nötig ist, um pünktlich da zu sein?

8. Hast Du eine Ausrede vorbereitet für eine relativ schnelle Verabschiedung?

Wie ging es nun weiter?

Zum Abschied war ich natürlich immer gespannt, wie es weiterging. Fragt er nach einem weiteren Treffen, nach einem Wiedersehen? Wie verabschiedet er sich? Mit Händedruck, mit einem kurzen In-den-Arm-Nehmen, mit Küsschen auf die Wange?
Ja, da wartete ich den ersten Schritt von ihm ab.

Je nachdem, wie ich das Treffen für mich empfand ging ich positiv oder negativ auf die Frage nach einem Wiedersehen ein. Wenn diese Frage nicht kam verabschiedete ich mich mit ein paar netten Worten. Ich selbst fragte beim Abschied nie nach einem Wiedersehen, das war unter meiner Würde. Manchmal kam dann kurz danach schriftlich noch ein Danke und doch die besagte Frage. Einmal auch ein Telefonat während der Autofahrt nach Hause.

Bei einigen Treffen merkten wir beide schnell, dass es nicht passt und gingen beim Abschied mit einem netten Gruss unserer Wege.

Mein Tipp:
Alles bis hier hin als Treffen mit einem guten alten Freund sehen. Beim Abschied bloss nicht bedürftig wirken, sich für den netten Tag bedanken und ihm das Weitere überlassen.

Und noch etwas:
Generell ist zu sagen, die vielen (auch unterschiedlichen) Singlebörsen bieten unbegrenzte

Möglichkeiten für jedes Bedürfnis und jeden Bereich, es tummelt sich dort alles. Jeder will Freundschaft, Sex, Partnerschaft, Liebe, je nach Priorität für einen Selbst.

Für mich kam nur eine feste Partnerschaft infrage und da gab es für mich Regeln, die ich mir selbst auferlegte.

Ich wusste für meinen Auftritt und den Erfolg im Internet, dass ich sofort die Finger davon lassen kann, wenn das nicht passt:

1. Ich muss mir klar sein, dass es evtl. nicht sofort auf Anhieb klappt, es braucht ein bisschen Zeit, Fingerspitzengefühl, Geduld, und die richtig passende Plattform.

2. Wenn "ich nur mal gucken will" bzw. meinen Marktwert schätzen lassen will, ist das nicht das Richtige. Deshalb muss mir vorher klar sein, dass ich ernsthaft bereit bin für einen neuen Partner und ihn wirklich in meinem Leben möchte.

3. Bedürftig sein bzw. wirken darf ich nie. Ich bin eine erwachsene Frau und möchte einen Partner auf Augenhöhe.

4. Mehr "Schein als Sein" ist absolut unange-bracht, ausser für ein schnelles Abenteuer - aber dafür gibt es andere Wege. Für etwas Festes ist die Enttäuschung vorprogrammiert.

Mit folgender Einstellung klappt es ganz sicher:

1. Es muss oder wird nicht unbedingt der Partner fürs Leben.

2. Der Zeitaufwand ist spannend und unterhaltsam - ich sollte nie das Gefühl zulassen, Zeit verplempert zu haben.

3. Eine Selbstsuggestion, dass es sowieso nicht klappen wird, hat hier nichts zu suchen, sie erfüllt sich sonst selbstprophezeiend.

4. Durch die Reichweite, die ich selbst bestimmen kann, lerne ich interessante Menschen kennen, die ich sonst niemals getroffen hätte.

5. Wenn ich die Treffen an einen hübschen Ort auf der Mitte lege, sehe ich viel Tolles, wo ich sonst nie hingekommen wäre.

6. Mein Gegenüber registriert sofort wohlwollend, wenn ich authentisch bleibe. Ich bin ich und muss niemandem etwas vorspielen.

Diese Einstellungen hatte ich, es hat mir richtig Spass gemacht. Ich habe wirklich keine schlechte Erfahrung gemacht, im Gegenteil - jeder Einzelne war ein netter, interessanter Mensch mit demselben Bedürfnis wie ich nach seinem passenden Gegenstück.
Ich habe meines innerhalb eines Jahres darunter gefunden, und das wäre ohne eine Partnerbörse gar nicht möglich gewesen.

Und willst Du nun wissen, wer mein Traummann wurde und wie es weiter ging? Und wie mein Leben jetzt aussieht?

In diesen 1,5 Jahren habe ich mich mit 13 Männern getroffen, und mit noch einigen mehr gemailt und telefoniert.

Es gab zwei Männer dabei (abgesehen von der Ernüchterung der allerersten Erfahrung mit B., meinem Treffen 1), die mein Herz berührt haben.

Mein Traummann aus den Treffen war schon dabei und für mich bestimmt, obwohl ich es damals nicht wusste und den anderen Mann kennen lernte. Leider oder zum Glück hat sich dieser nicht so um mich bemüht, wie ich es mir gewünscht hätte, obwohl er begeistert und sicherlich an einer Vertiefung der Beziehung interessiert gewesen wäre. Irgendwie kamen wir jedoch nicht weiter, irgendetwas passte doch nicht - warum wohl?

Ja, denn dann kam die gänzlich andere Entwicklung in meinem Leben, mein Traummann gab sich zu erkennen - und jetzt wusste ich, dass es so sein sollte.

Du bist jetzt sicher total gespannt, wer es ist?

Das Ergebnis meiner Partnersuche und unsere Geschichte erfährst Du nach der Schilderung der einzelnen Treffen, die nun folgen. Ich habe diese auch im Anhang nochmals mit kurzen Stichpunkten und Seitenzahl aufgelistet.

Treffen 1: B.
63 J. - Wassermann - angeblich alleinlebend - selbständiger Grafiker - arbeitet jedoch in der Seniorenbetreuung
Kleinstadt am Neckar - 280 km entfernt
Partnerbörse: Kissnofrog

Meine allererste Erfahrung mit Singlebörsen war Kissnofrog, nachdem ich mir einige Vergleiche aus dem Internet gezogen hatte.

Also legte ich im April 2015 dort ein Profil an.

Es dauerte keine zwei Tage, da wurde ich von einem Herrn angeschrieben, der mir optisch auf Anhieb gefiel. Seine Worte waren ganz einfach: "Du bist süss". Mir fiel die Wortwahl auf, denn in meinem Alter fand ich das nicht so passend, aber mittlerweile weiss ich, dass das im baden-württembergischen Raum wohl eine ganz normale Redewendung ist.

Also das war B.! Seinem Profil nach war er geschieden, aus einem Ort im Schwarzwald und auf der Suche nach einer festen Partnerschaft. Gut, ich war begeistert, denn ich dachte, das Universum hat mir gleich den richtigen Mann geschickt (auch länger danach dachte ich das noch). Ich schrieb ihn also an und bat um mehr Informationen. Gleichzeitig machte ich klar, dass ich mich als Geliebte oder für rein sexuelle Absichten nicht eigne.

Dieses quittierte er mit der Aussage, er sähe es genauso, gab mir ein paar Informationen über sich und seinen Familienstand, seinen Beruf so kurz vor der Rente und dass er später woanders hinziehen wolle, wo er eine Wohnung hat.

Es entwickelte sich ein reger Kontakt, dann schnell über Email-Adresse (wobei meine anonym war, seine aber mit vollem Namen - ein Vertrauensbeweis). Wir schickten dann auch ab und zu mal ein Foto und er hatte eine Vorliebe für Webkarten.
Er erzählte mir, dass er oft zwei Hunde für eine Bekannte betreut, die durch ihre Arbeit keinerlei Zeit hat.

Unser Kontakt liess sich sehr gut an und nach kurzer Zeit fragte ich ihn, ob wir nicht mal telefonieren wollen? Nein, das ginge nicht, er hätte so schlechten Handyempfang da in seinem Wohnort, er müsse immer an eine bestimmte Stelle ausserhalb des Hauses gehen. Ok, das war mir ein bisschen komisch, aber es war kein Problem. Mich wunderte etwas, dass er zwar rege schrieb, aber kein Treffen vereinbarte.

Nach ca. drei Wochen ergriff ich dann die Initiative und schrieb, dass ich wiederum in drei weiteren Wochen über ein Wochenende nach Tübingen und Heidelberg fahre und ob wir uns dann treffen wollten/könnten. Er sagte zu und ich war glücklich, gespannt und aufgeregt. Auch fragte ich ihn, ob wir vielleicht davor doch noch telefonieren wollten, damit wir mal eine Stimme zu uns hätten? Inzwischen war es ja Mai geworden. Das lehnte er ab mit dem Hinweis, er möchte die Spannung aufrecht erhalten, äh?! Mir kam das zwar wirklich doof vor, aber da ja das Treffen kurz bevor stand, gab ich ihm die (für mich) letzte Chance.

Am folgenden Sonntag morgen kam ein Foto von seinem Spaziergang, wo ein Hund im Wagen sass und mir fiel auf, dass es da ein Hundegitter gab. Sehr komisch! Für Hunde, die ich für eine Bekannte betreue, baue ich mir doch nicht in meinem eigenen Wagen ein Hundegitter ein?

Gut, erst mal still halten, aber auf der Hut sein, das wird sich klären. Ich sah auch, dass es sich um einen SUV handelte und schaute mit Autokenner-freunden, um welches Fahrzeug es sich handeln könnte. Man kann ja auch mal den Status prüfen, oder? Aber weiter....

Inzwischen hatten wir abgeklärt, wann und wo wir uns treffen. Für das besagte Wochenende war geplant, mich mit einer Freundin in Tübingen zu treffen und diese Reise mit dem Date zu verbin-den. Nachdem sie nach einem tollen gemein-samen Tag/Abend wieder abgereist war, freute mich so richtig auf mein Treffen mit B. am nächsten Abend. Als Treffpunkt hatten wir ein Städtchen am Neckar ausgemacht, das lag so in der Mitte zwischen ihm und meinem Hotel in Tübingen. Ich war etwas früher da und schaute mich ein wenig um, wirklich nett. Dann fuhr ich zum Bahnhof, wo wir uns auf dem Parkplatz verabredet hatten. Er hatte mir sein Fahrzeug angegeben (einen weissen Mercedes - das war ja schon mal was!) und sein Kennzeichen (mit seinen Initialen - also tatsächlich seiner!). Ich hatte mein Autofabrikat und Farbe nicht bekannt gegeben, aber er erkannte mein Kennzeichen (Stadt,

Initialen + Geburtsmonat/-jahr) sofort und stellte sich direkt neben mich.

Als er ausstieg, dachte ich noch: Mhm, er ist ein bisschen "zart", also nicht allzu gross und schlank. Aber es passte für mich, der Abend zum Kennen lernen war ja noch vor uns. Er war nett und höflich, hatte allerdings einen Kaugummi im Mund (was ich hasse!) - vielleicht aus Unsicherheit heraus? Aber ok. Wir fuhren dann mit seinem Wagen in die Stadt, wo ich schon vorher einige nette kleine Restaurants gesehen hatte. Wir fanden dann auch etwas ganz Tolles! Es war ein Italiener, der allerdings nur Cafe/Getränke anbot, aber das Ambiente war so romantisch wie in Italien. Das Wetter war ja zu der Zeit wirklich toll und wir sassen draussen mitten in der Altstadt an einem Brunnen und der Wirt/Inhaber war so nett, so dass wir nach seiner Restaurantempfehlung für unser Abendessen später nochmals auf einen Abschluss -Espresso zu ihm gingen und dort dann noch ewig sassen. Es war richtig schön, entspannt. Wir beide waren voneinander begeistert.

B. erzählte mir, dass es sich bei der Bekannten, um deren Hunde er sich kümmert, um seine ehemalige Lebensgefährtin handelt. Das wäre aber längst vorbei, sie wohnen im selben Haus, hätten aber getrennte Wohnungen und er würde noch teilweise für sie arbeiten. Sie hat eine Senioreneinrichtung und nie Zeit. Er macht Reparaturen dort und holt/bringt die Senioren zur Tagesbetreuung. Daneben hätte er noch seinen selbständigen Job als Grafiker mit Reisen in die Schweiz ab und zu. Mit seiner Tochter würde sich diese Bekannte überhaupt nicht verstehen und alles wäre geklärt. Aha! Mein Bauch signalisierte mir Vorsicht und mal sehen was da evtl. noch auf mich zukommt.

Aber es war ja zwischen uns noch nichts weiter passiert und eine Chance bekommt jeder. Durch meine Prinzipien bin ich recht geschützt und verliere mich nicht so schnell!

Wir fuhren dann zu meinem Auto und er fragte beim Abschied, wie lange ich in Heidelberg, meinem nächsten Reiseziel, bliebe und ob wir uns auf meiner Heimfahrt nochmals treffen wollen. Ich sagte ihm, dass wir das gerne machen könnten. Er nahm es mit Begeisterung auf, ich fuhr in mein Hotel und erhielt am nächsten Morgen eine Mail, wie sehr er sich freut, dass wir uns wiedersehen.

Ich fuhr dann weiter nach Heidelberg, verbrachte dort den Abend mit Freunden. Mit B. war ich in Kontakt und es ging hin und her, wo wir uns dann noch treffen werden. Ich suchte etwas in einem Städtchen, das ich kannte, heraus und buchte ein Hotel für mich, stornierte die zweite ursprünglich geplante Nacht in Heidelberg und alles war klar. Den nächsten Tag verbrachte ich in Heidelberg mit meinen Freunden - es war wie immer schön, das Wetter war klasse und ich war so happy. Es kam wieder eine Mail, wie sehr B. sich auf den gemeinsamen Abend freue.

Gerade wollte ich mich am Spätnachmittag loseisen und auf die Reise begeben, da kam eine SMS, dass es ihm leid täte, aber seine Tochter und seine Schwester hätten sich unerwartet zu Besuch angemeldet und er könne ihnen nicht absagen! Es täte ihm leid, er macht es wieder gut! Wie bitte???

Verwandtschaft, die regelmässig kommt verträgt keine Absage? Das war ja volle Verarschung! Ich war total am Boden und fragte meine Freunde, was ich jetzt tun solle. Normalerweise hätte ich ja noch den ganzen Abend mit ihnen in Heidelberg gehabt! Sie sagten: "Du tust jetzt mal gar nichts und wartest ab".

Ok, ich fuhr dann also trotzdem in das gebuchte, wunderschöne kleine Hotel direkt neben einem Schlösschen am Stadtrand und ging dann halt alleine zum Abendessen. Am nächsten Morgen fuhr ich dann weiter nach Hause. Allein das schnuckelige Hotel hatte sich trotz meiner enormen Wut und Enttäuschung gelohnt!

Ich wollte mich eigentlich gar nicht mehr melden, aber irgendwie sagte mir mein Bauch (oder besser gesagt meine Wut über so einen Umgang mit mir!), dass ich das für mich nicht so einfach auf sich beruhen lassen könne. Also schrieb ih ihm noch eine Mail auf die Schnelle, dass das jetzt doch zu heftig war! Dann war erst mal Funkstille!

Zwei Tage später schlug er ein Treffen in meiner Nähe vor, er wäre auch bereit, bis zu   mir zu kommen. Ich sagte erst zu und dann ganz kurzfristig vorher ab. Da hättest Du ihn mal hören sollen! Er hätte ja nicht gedacht, dass er sich in einer Person so getäuscht hätte und blablabla...

Gut, es ging ein wenig hin und her und wir verabredeten uns dann, nachdem er wirklich Kampfgeist bewiesen hatte, in Lindau für einen Tag zwei Wochen später. Das Wetter war schön, ich hatte ein nettes Lokal ausserhalb von Lindau herausgesucht (!wie blöd war ich da eigentlich noch?) wir trafen uns dort so gegen 11.00 Uhr, gerade als es öffnete. Es war richtig schön, harmonisch, ich hatte die Hunde dabei und wir machten eine lange Wanderung quer durch die Wälder, bevor wir dann zum Kaffeetrinken wieder dort waren.

Wir haben sehr viel gesprochen und er erzählte von seiner Bekannten, die Arbeit für sie, dass er abhängig von ihr sei bis zur Rente. Dass er momentan nicht in seine Wohnung woanders ziehen könne, weil die Frau seines Mieters inzwischen ein Pflegefall geworden sei - alles plausibel und einleuchtend. Den Umstand der angeblich getrennten Wohnungen im Haus umging ich geschickt und hörte heraus, dass es auf einmal keine getrennten Wohnungen mehr waren, sondern getrennte Schlafzimmer! Aha! Weitere Bestätigung!

Dennoch war der Tag so wunderschön, wir fuhren runter nach Lindau, gingen mit den Hunden am See spazieren und hatten ein Abschiedsabendessen wieder in dem hübschen Lokal. Es spielte sich alles draussen ab, der Sommer war so wunderschön und warm, inzwischen war es ja Juli geworden.

Bei unseren Gesprächen an dem Tag fragte ich ihn u.a. wie es sich mit dem verpatzten Treffen verhielt. Daraufhin sagte er doch tatsächlich, dass er gemeint habe, ich hätte Verständnis und dass es ihm damit total schlecht gegangen sei.

Dann verabschiedeten wir uns trotz allem schweren Herzens und auf beiden Seiten den Anflug von Verliebtheit. Wir hatten Fotos von uns zusammen Arm in Arm in Lindau gemacht, ganz offen und er hatte auch nichts dagegen, dass ich sie auf meiner Facebook-Seite veröffentliche. Das hatte ich ihn als Test gefragt, selbstverständlich nicht gemacht!

Während meiner Heimfahrt rief er nochmals an und sagte, er wolle nochmals meine Stimme hören - ach wie schön die Schmetterlinge flogen!

Es ging wieder hin und her mit Mails und von seiner Seite Webkarten. Eine, die ich da erhielt, blieb mir in Erinnerung. Der Text war: "Du denkst es sind Triebe, aber nein, es ist Liebe". Wow! So weit waren wir doch noch gar nicht!
Er rief dann an und sagte mir, dass er gerne das nächste Wochenende in meine Stadt käme und auf meine Frage, wie lange er bleiben wolle, sagte er bis Dienstag. Ich war wirklich happy und freute mich, dass er ja doch wohl inzwischen so ehrlich war mit seiner Bekannten! Da war ja nichts mehr, er musste nur sehen, wie er es mit den Hunden organisiert! Wunderbar!

Dann verschob er den Besuch um eine Woche, seine Bekannte würde zu ihrer Tochter fahren und er müsse wegen der Hunde dableiben. Er hätte sie auch mitbringen können aber das ging nicht, da er auch arbeiten müsse. Dann verschob er den Besuch nochmals um zwei Wochen und dann, tatsächlich, erhielt ich eine Mail mit folgendem Inhalt:

87

"Du, es ist wirklich was ganz verrücktes passiert! Meine Bekannte hat mit Freunden eine Ferienwohnung im Schwarzwald gebucht für ein paar gemeinsame Tage. Ich kann mich da nicht ausschliessen. Sie hat wohl was gemerkt" und blablabla....

So, jetzt war es aber wirklich allerhöchste Zeit, das zu beenden! Wir hatten uns zweimal gesehen, etliche Male gemailt, öfters mal kurz telefoniert (der Handy-Empfang!!!) und ich hatte einige blöde Karten/Bildchen erhalten.

Inzwischen hatte ich auch recherchiert und wusste, dass er nicht in dem angegebenen Ort wohnte, sondern in einer Kleinstadt am Neckar, wer seine Bekannte war mit welcher Senioreneinrichtung und ich hatte die Privatadresse. Ich habe es nie irgendwie verwendet, das war mir zu blöd - ich wusste ja jetzt selbst genug! Zudem war er so blöd und hatte einige öffentliche Postings auf seinem Facebook-Profil (er hatte mir gleich zu Beginn eine Freundschaftsanfrage geschickt), wo er Kommentare zu Fotos von Frauen abgab. Diese waren zwar schon einige Zeit her, zeigten mir aber seinen Geschmack, was Frauen betrifft. Und bei so etwas wollte ich mich nicht einreihen, es waren alle ausnahmslos abgetakelte Fregatten, in ihrer Darstellung billig, stark geschminkt, nuttig, ordinär.

Aber zurück zu seiner Absage: In mir brodelte und kochte es und ich schrieb ihm eine ewig lange Email, wo ich mich so richtig auskotzte. Es war mir egal, wie sie ankommt, ich habe es nur für mich und mein Seelenheil getan. Und mein Universum habe ich auch beschimpft! Warum hatte es mir so was geschickt? Was sollte ich da lernen?

Ich schloss die Mail ab, dass er sich mit neuer Adresse wieder mal melden könne. Die Reaktion kam prompt! Meine Mail hätte ihn total umgehauen und er müsse sie jetzt erst mal öfters lesen, er würde sich nach der Rückkehr aus dem Kurzurlaub melden. Am Donnerstag war er zurück, am Sonntag schrieb er, ja, er würde sich dann mit neuer Anschrift melden und es wäre alles anders, als ich denke. Das war's dann - meinte ich...

Einige Wochen später fuhr ich wie alle Jahre davor, mit Freunden in meinen Urlaub nach Holland und musste ja an Stuttgart (fast in seiner Nähe) vorbei.
Mein Ego war immer noch verletzt und ich hatte immer noch in mir diese innere Unruhe. Ich wollte für mich wissen, ob da noch irgendwelche Schmetterlinge in mir waren und sich evtl. was geändert hätte. Vielleicht wollte ich mich auch nur rächen? Ich schrieb ihn an und fragte, ob wir auf meinem Weg einen Kaffee zusammen trinken wollen? Er sagte zu und wir trafen uns dann an einer Autobahnraststätte. Dieses Treffen war relativ kurz, ich verzichtete auf das geplante gemeinsame Frühstück und hatte nur einen Kaffee. Der Zauber für mich war weg.

B. lachte wieder an der falschen Stelle (was mir früher schon auffiel aber von mir ignoriert wurde), erzählte dieselben Geschichten und vermeintlichen Witze und als ich genervt zum Aufbruch drängte, war er sichtlich enttäuscht und ich erleichtert! Ich whatsappte meinen beiden Freundinnen, dass es endlich erledigt sei und fühlte mich, als wäre mir ein Stein vom Herzen gefallen. Das war es dann wirklich endgültig, ich hatte einen Abschluss und sein wunderbares Rasierwasser in der Nase! Schade, ich wollte ihn noch fragen, was es ist - aber höchstwahrscheinlich hat es ihm seine liebe Lebensgefährtin geschenkt!

Als Nachtrag sei noch zu erwähnen, dass Silvester ein netter Gruss (ich glaube, wieder eine Web-karte) kam, für die ich mich bedankte. Im März schickte er mir dann einen Geburtstagsgruss, worauf kurz danach seine Anfrage kam, ob ich jemanden kennen gelernt hätte? Ich hielt mich bedeckt und fragte, warum? Worauf er mir schrieb: "Weil ich meine Gefühle für Dich nicht abstellen kann". Aha?

In mir war nichts mehr, was sich gelohnt hätte, um meine Gefühle wieder hervorzukramen und so schrieb ich ihm: "Doch, B., das kannst Du! Du hättest vielleicht meine grosse Liebe werden können, aber ich habe das Jahr 2015 für mich abgeschlossen und freue mich auf viele neue Möglichkeiten in 2016". Es kam dann noch mal irgendwann eine Webkarte und ab und zu mal ein "Gefällt mir" zu Fotos auf meiner Firmen-Face-book-Seite, die er mal angeklickt und abonniert hatte. Das war's!

Mein Profil bei Kissnofrog habe ich gelöscht.

Treffen 2: R.
60 J. - ledig - selbständiger Gastwirt - Segler
Kreisstadt im westl. Oberbayern - ca. 45 km
entfernt
Partnerbörse: Finya

Bei Finya, dem Ausprobieren einer neuen Plattform, kam einiges mehr an Kontakten, u.a. auch
R., der mich anschrieb. Sein Foto war aktuell und
ich sah einen weisshaarigen Mann in Freizeit-
kleidung auf einem Segelboot. Nach einem kurzen
Hin und Her verabredeten wir recht schnell ein
Treffen, da es ja nicht so weit weg war.
Ich hatte ihm meine anonyme Emailadresse
angegeben und er hatte dahin geschrieben mit
vollem Namen. So klappte es fast immer - ich blieb
in Deckung und konnte aber schon mal etwas
mehr recherchieren. Das Herausgeben von
stimmenden Kontaktdaten war auch immer ein
gutes Zeichen für die Seriosität meines Gegenübers.

Ich recherchierte also und fand über Google
heraus, dass R. Gastwirt war und ein Lokal in
seiner Stadt hat. Begeistert war ich nicht, nachdem
er "selbständig" angegeben hatte und ich mir eher
einen Firmeninhaber vorstellte. Gastronomie war
nicht so mein Fall, ich war gefasst auf Spuren von
Rauch, Alkohol, Übermüdung.

Ich traf R. an einem Samstag vormittag direkt am
Ammersee. Wir hatten uns zum Brunch verabredet
in einem meiner Lieblingslokale und er spazierte
schon am Bootssteg herum. Die Sonne schien, es

war schön warm und ich erkannte ihn sofort. Er war gross und sehr gepflegt. Optisch gefiel er mir nicht so richtig, aber seine Kleidung war genauso, wie es mir gefällt. Bootsschuhe barfuss, Stoffhose und ein schönes Hemd.

Das erste, was er sagte war, dass er als Gastwirt ja Werbung in einem Gutscheinheft platziert und deshalb eines kostenlos hätte, mit dem wir ja unser Brunch bezahlen könnten. Uuups, no go! Wollte er mir damit indirekt sagen, dass er das Essen übernimmt? Auf jeden Fall die falsche Wortwahl. Dennoch war es wirklich nett und ich wurde im Gasthaus überschwänglich begrüsst wie ein Stammgast, was mich sehr wunderte, mir aber auch gefiel. R. fragte gleich, ob ich öfters hier sei und ich sagte ja (obwohl das ja gar nicht stimmte), die nette Begrüssung durch den Inhaber schien ihm nicht so recht zu sein.

Unser Gespräch war wirklich interessant. Er erzählte über sich, dass er lange in Südafrika gelebt und im Hotelfach gearbeitet hätte, mit einer Afrikanerin verheiratet war, die er mit nach Deutschland gebracht hatte, wo sie das Lokal in seiner Stadt gemeinsam eröffnet hätten. Die Ehe ging dann in die Brüche und er suche eine neue Partnerin. Seine Freizeit verbringe er beim Segeln und Golfen und montags hätte er Ruhetag.

Er war sehr diszipliniert und kompetent, was seine Arbeit betrifft, mir gegenüber mit Äusserungen teilweise etwas plump und vertraulich (also doch Gastronomie!), es bewegte sich aber im gross gesteckten Rahmen.

Beim Abschied fragte er nach einem Wiedersehen und bei einer kleinen Umarmung hielt er mir gleich seinen Mund hin. Ok, dachte ich, da muss ich noch ein bisschen erziehen, einerseits plump und besitzergreifend, aber auch durchaus nett, höflich, zurückhaltend - für mich wie eine Art Grauzone, wo ich nicht wusste, in welche Richtung es sich bewegen würde.

Er aber war begeistert und schrieb mich gleich an, ob wir was zusammen machen wollen, er hätte ja montags frei. Kurz danach schrieb er, dass er sich den Sonntag frei nehmen könne, da er ja heraus-gehört hätte, dass ich Theater mag und er einen Freund am Ammersee hätte, der als Schauspieler bei dem aktuellen Theaterstück auf der Seebühne mitwirken würde. Karten würde er besorgen, er bräuchte nur mein Ja. Hey, das war doch schon mal was! Ein Mann, der sich Gedanken machte und sich bemüht?

Er hatte mir erzählt, dass er dort am See sein Segelboot hat, das er mit seinen beiden Brüdern gekauft habe und er wolle es mir zeigen. So ver-einbarten wir als Treffpunkt für unseren Theater-abend den Bootsliegeplatz. Das Boot war an Land (nicht im Wasser an einer Boje) und es stand ein Anhänger bereit, mit dem das Boot von Hand (!) über den Platz gezogen und ins Wasser gelassen wird. Aha, so gross konnte es also nicht sein! Als ich es sah, musste ich wirklich innerlich lachen! Das ganze Ding war eine Jolle, so gross wir mein Esstisch zuhause und Eigentum von drei Leuten? Gerade abbezahlt? He?

Na gut, wir liefen dann zur Seebühne, die ca. 500m entfernt lag, d.h. wir mussten über den Uferweg quer durchs Gelände. Unsere Autos hatten wir in der Nähe des Bootes geparkt und mir fiel etwas später siedend heiss ein, dass wir nach der Theatervorstellung ja wieder zurück mussten! Und das mit einem Mann, wo ich nicht wusste, ob er sich im Griff hat und bei Dunkelheit. Manno, wie blöd war ich eigentlich? Die ganze Zeit überlegte ich, wie ich aus dieser Nummer wieder raus kam.

Zu Hilfe kam mir der besagte Freund von R., der mir vor dem Beginn des Theaterstücks vorgestellt wurde und der uns fragte, ob wir danach noch etwas trinken gehen. Ich habe gleich geschaltet und gefragt, ob es im Lokal bei unserem Parkplatz ok wäre. Klar, er hatte ein Fahrrad für den Heimweg dabei und so war es gebongt und er begleitete uns. Das war wirklich clever! Glück gehabt! Und wieder hatte ich etwas gelernt, im Vorfeld mehr auf solche Dinge zu achten!

Das Theaterstück war nett, sehr einfaches Bauerntheater, R. ok bis auf ein paar Ausrutscher (Hand auf mein Knie, paar doofe Sprüche), für mich immer noch undefinierbar. Mein Traumprinz war er nicht, aber für die Freizeit dachte ich, könnten wir schon was zusammen unternehmen. Er war ja auch gebildet, unterhaltsam und konnte sich benehmen - dachte ich!

Es ging dann so weiter, dass R. nach ein paar Tagen anfragte, ob wir uns an seinem freien Tag sehen könnten. Ok, ich dachte, dass ich ihm Augsburg zeige, meine Lieblingsstadt in Bayern.

Das war alles in öffentlicher Umgebung und nicht zu privat. Aber eigentlich war es doch nicht mehr mein Wunsch, und meine Unlust steigerte sich mit jedem Tag, der näher kam. Wir hatten noch ein paarmal telefoniert und gewhatsappt. U.a. schickte ich ihm einmal einen vorbereiteten Spruch, nachdem ich abends total fertig von der Arbeit kam, mit dem Text: "Ich brauche jemanden, der mich jetzt in den Arm nimmt und sagt: Alles ist gut. Hier hast Du Deine sechs Millionen". Oder so ähnlich.
Daraufhin kam von ihm zurück: "Über Sex (sechs) können wir reden, alles andere nicht" oder so ähnlich.

Ich dachte, ich lese nicht richtig und rief ihn an, was das denn soll? Er meinte, er hätte nur Spass machen wollen und liess ein paar blöde Sprüche ab. Daraufhin war natürlich alles klar für mich und ich bat ihn, meine Kontaktdaten zu löschen, so wie ich es gerade tun würde! Somit hatte ich dann Ruhe und genoss meinen Tag in Augsburg ganz alleine und ohne so einen Deppen!

Treffen 3: H.
58 J. - ledig - KFZ-Mechaniker und Rennfahrer
Kurort im Unterallgäu - 30 km entfernt
Partnerbörse: Lokalisten

H. habe ich über Lokalisten kennen gelernt. Sein Profil gefiel mir recht gut, und weit weg war er auch nicht. Allerdings fiel mir auf, dass er endlos lang schrieb, auch mit einer gewissen angeberischen Art, was mich wiederum etwas abstiess. So dauerte es dann doch länger, bis wir uns bei einem McDonalds an der Autobahn trafen. Gut, der Rahmen war nicht so toll, aber es sollte ja nur für ein erstes Beschnuppern bei einem Kaffee sein.

Ich wartete und hatte bereits meinen Kaffee, als er kam. Natürlich hat mich das ein wenig geärgert, die akademische Viertelstunde war bereits vorbei. Minuspunkt! Er war recht gut aussehend, freizeit-mässig gut angezogen. Allerdings merkte ich sehr schnell, dass er sich gerade mal den Kaffee leisten konnte, von einer Einladung ganz zu schweigen.

Ich hörte mir an, dass er früher ein regional be-kannter Motocrossfahrer war mit einer vielver-sprechenden Zukunft. Beruflich hatte er früher als KFZ-Meister eine eigene Werkstatt, die er auf-grund eines Unfalls bei einem Rennen aufgeben musste und seitdem hatte er nur Ärger mit der Berufsgenossenschaft. Er wartete endlich auf einen entsprechenden Bescheid, wie es weiter-ginge, auch finanziell.

Nein, er machte keine Anstalten, mich anzupumpen oder so - aber er war nicht sehr gut drauf. Er redete lange und viel, bis wir uns verabschiedeten auf irgendwann die nächsten Tage. Ich war der Meinung, ich sollte ihn mir ein zweites Mal anschauen er gefiel mir mehr als dass er mir missfiel.

Vor der Tür stand sein altes aufgemotztes Auto und er hatte mir noch erzählt, dass er zu jedem Eishockeyspiel und Motocrossrennen in der Nähe fahre und sich kein Spiel des FCA in Augsburg entgehen liesse. Aha, dafür war wohl Geld da!

Aufgrund terminlicher Schwierigkeiten auf beiden Seiten sahen wir uns so ca. drei Wochen später wieder. Inzwischen sollte ja bei ihm alles geregelt sein. Er hatte sich mal kurz aus Berlin (wo er zu einem Motocross-Grand Prix war) mit einer netten SMS gemeldet und sich auf ein Wiedersehen gefreut.

So verabredeten wir uns und fuhren auf einen langen Spaziergang an dem Ammersee. Wir liefen am Ufer entlang, es war wirklich schön, er erzählte viel und er gefiel mir gut - ich schwankte zwischen Begeisterung wegen seiner Ehrlichkeit und Nicht-wollen wegen seiner ganzen Situation.

Das entschied sich hinterher beim Kaffee im Lokal. Er verfiel wieder ins Gejammer - und ausserdem hatte er ziemlich Mundgeruch, was mir schon beim ersten Mal auffiel, wo ich noch dachte, das könnte man ja evtl. mit Behutsamkeit später ändern. Aber nee, das alles wurde mir dann doch zu viel, ich habe meine eigenen Sorgen und er war nicht der Mann, den ich suchte.

Zumindest ein ausgewogenes Verhältnis in der Lebensform und in finanzieller Hinsicht sollte schon sein.

So, mein lieber H., das war's dann, abgehakt. Die verbrachte Zeit war interessant und nicht schlecht und ich hoffe für Dich, dass inzwischen alles bei Dir besser aussieht.

Treffen 4: K.
62 J. - geschieden - Angestellter im Ruhestand
- Cabriofahrer
Landeshauptstadt Bayern - 65 km entfernt
Partnerbörse: Finya

Und dann kam K.! Er hatte mich bei Finya gefunden und wir verabredeten uns an einem schönen sonnigen Tag am Ammersee wieder an derselben Stelle, wo ich mich seinerzeit mit R. getroffen hatte. Es ist nun mal dort mein Lieblingsort mit -lokal.

K. hatte mir vorher schon einiges über sich erzählt. Er war 62 Jahre alt, geschieden, mit zwei Kindern. Beruflich war er im Frühruhestand, nachdem er bei einer US-Firma gearbeitet hatte und mit einem goldenen Handschlag verabschiedet wurde. Die Branche kannte ich gut aus meiner früheren Bürotätigkeit und so war ich gespannt. Wir hatten dadurch Gesprächsstoff und jeder wusste, wovon er sprach. So sollte es nicht langweilig werden.

Als ich ankam, war er bereits da und sass auf einer Bank am Bootssteg. Was ich total nett fand: Er packte aus einer Kühltasche eine Flasche Sekt aus, sogar an zwei Gläser hatte er gedacht.

Optisch machte er nicht viel her, er war nicht allzu gross, hatte Bauch, die Kleidung war nicht sehr liebevoll für diesen Anlass ausgesucht. Aber seine Überraschung riss einiges wieder raus.

Nach dem Gläschen Sekt gingen wir ins Lokal für ein schönes Frühstück, das er gerne übernahm. Und dann haben wir ganz zwanglos geredet, über die verschiedensten Firmen, seine Arbeit, seine misslungene Ehe, den verweigerten Umgang mit seinen Kindern durch die Exfrau (Frustration natürlich) usw..

Aber wie es mit uns weitergehen sollte liessen wir offen, wie verabschiedeten uns und ich war nicht allzu interessiert, als Partner auf keinen Fall, als Freizeitpartner gelegentlich eventuell?

Einen Tag später kam ein WhatsApp (wir hatten die Nummern vorher ausgetauscht), nur ein Satz: "Ich muss dich unbedingt wiedersehen!". Aha? Ganz schön mutig.

Na gut, wir verabredeten uns für eine Sightseeing Tour mit seinem Cabrio, auf das er unendlich stolz war. Ich wollte ihn mir noch etwas näher anschauen.

Als ich beim Treffen in sein Auto stieg, erzählte er mir von einer Frau, die mal mit ihm zusammen war und ein Haus irgendwo in Gran Canaria hatte, wo auch er öfters war. Er liess sich aus über den Einrichtungsstil und wie scheusslich es war und überhaupt.

Bei einer Einkehr dann ging es um seine Exfrau, wie böse sie doch war, und das gelangweilte fordernde Verhalten der Kinder beim seltenen Besuch. Er war generell allem gegenüber nicht freundlich eingestellt, sehr kritisch und korinthenkackerisch! Und zudem ziemlich langweilig, kein Konzert/Theater/Ausstellungen, keine Reisen, keine Bücher - nur kleinbürgerliches Fernsehen, PC, Sonderangebots-Prospekte, Fachliteratur und ab und zu eine Ausfahrt mit dem geliebten Mittelklasse-Cabrio.

Wir waren den ganzen Tag im Voralpenland unterwegs, die Tour war nett. Aber für mich war klar, sobald ich aus dem Auto raus wäre gäbe es kein Wiedersehen mehr. Und so war es dann auch, wir verabschiedeten uns freundlich, ich atmete durch beim Losfahren in meinem Auto.

Am Abend schrieb ich ihm kurz aber freundlich, dass das alles nicht so meine Kragenweite wäre und wir uns nicht mehr wiedersehen. Von ihm kam ein kurzes Ok und ein Gruss - aber ca. 2 Wochen später kam doch dann tatsächlich noch ein Whatsapp mit den Worten: "Ich würde dich auch zurücknehmen". Wie bitte? Manno, was man so alles erlebt?
Ich habe nicht mehr darauf geantwortet und die Kontaktdaten gelöscht.

Treffen 5: H.
57 J. - Single - Vertriebsmann im Aussendienst
Stadt im Allgäu - 35 km entfernt
Partnerbörse: Friendscout

Eine Weile hatte ich auch ein Profil bei Friend-
scout24, wo jedoch nicht sehr viel passierte. Ich
habe es recht schnell wieder aufgegeben -
irgendwie gab es in meiner Zielgruppe nichts
ernstzunehmendes bis auf ein Date aus der
näheren Umgebung.

H. kam aus einer Stadt, ca. 35 km entfernt von
meinem Wohnort. Er kannte und mochte meine
Stadt durch Besuche und hatte dort ein Treffen
vorgeschlagen. Für mich war es fast um die Ecke,
also lief ich zum Treffpunkt, zu einem hübschen
Kaffee an einem Park. Angst, dass er mich kennen
würde und meine Anonymität dahin wäre, hatte ich
durch den entfernten Wohnort nicht.

Ich sah ihn schon von weitem, wiederum ein nicht
allzu grosser, für meinen Geschmack eher
schmächtiger Mann, sportlich und mit vollem
grauen Haar.
Er sprach ein so schönes Hessisch, dass die
Begrüssung spontan und total locker ausfiel. Er
kam aus derselben Stadt, in der ich in der Kindheit
aufgewachsen bin, später noch einmal zurück-
gekehrt war und meine Schwester dort immer noch
oft besuche. Ich hatte damals meine beste Zeit
dort, beruflich und privat, sehr viele Freunde und
ich liebe ganz einfach diesen Dialekt!

Also von dieser Seite her passte der Anfang eigentlich sehr gut und wir entschieden dann einen Spaziergang mit Kaffeebesuch direkt im Stadtzentrum. Es wurde ein recht schöner Nachmittag mit viel Spass und Gelächter.

H. erzählte mir aber auch auf meine ernsthafte Frage, warum er jemanden suche, dass er erst seit drei Monaten getrennt sei. Seine Lebensgefährtin hatte ihn verlassen und er war, wie ich schnell merkte, noch gar nicht bereit für eine neue Beziehung. Das sagte ich ihm auch und fragte, was er täte, wenn sie sich heute entscheiden würde, zurückzukommen? Da musste er kurz überlegen, es arbeitete richtig in ihm. Seine Antwort war: "Das weiss ich nicht". Ich empfahl ihm, doch erst noch ein paar Monate ins Land gehen zu lassen und dann nochmals neu zu suchen.

Mich hat es nicht sonderlich berührt, irgendwie kam es mir vor wie ein Gespräch unter guten Freunden. Ich hatte sowieso schon sofort entschieden, dass er nicht mein Wunschkandidat war. Wir hatten einen echt schönen, lustigen, witzigen Nachmittag mit viel Herumgealbere und verblieben beim Abschied so, dass wir uns eventuell irgendwo durch Zufall wieder sehen. Gemeldet haben wir uns beide jedoch nicht mehr, und auch nicht gesehen.

Treffen 6: R.
59 J. - geschieden - Sicherheitsdienst für Kasernen
Kreisstadt in Schwaben - 40 km entfernt
Partnerbörse: Badoo

Durch eine Freundin von mir landete ich bei Badoo. Sie hatte recht schnell ihren Freund (und heutigen Ehemann) aus der nahen Umgebung kennengelernt, nachdem sie vorher sehr viel ausprobiert hatte und schon Jahre alleine war. Das hat mich beeindruckt.

Ausserdem gefiel mir die Plattform, da die App fürs Smartphone eine gute Benutzeroberfläche hatte und sofort Kontakte aus der Umgebung anzeigte, egal wo man war. So habe ich z.B. auch bei meinem Urlaub in Ligurien/Italien Angebote bekommen und auch ein bisschen zum Zeitvertreib herumgeschaut.
Fotos waren auch Pflicht, es war ein richtiges Schlaraffenland. Allerdings tummeln sich dort sehr viele nur für ein kurzes Abenteuer, das war mir klar - aber bei meiner Freundin hatte ja eine richtige Partnerschaft auch geklappt. Doch, ich denke eigentlich ganz gerne an diese kurze Periode zurück, bis mich Badoo langweilte und ich der vielen nichtssagenden Angebote überdrüssig wurde. Es war mehr eine Unterhaltungsapp und ich wollte ja was anderes.

Aber gut, ein Kontakt endete in einem Treffen, nachdem mit einigen anderen nur ein bisschen Schriftverkehr zustande kam.

Dieser Kontakt war ca. 40 km von mir entfernt, und wir verabredeten uns in seiner Stadt, da ich sowieso sehr oft dort bin und die Anonymität gewahrt blieb. Denn wie gesagt, bei der Seriosität bei Badoo war ich ein wenig mehr auf der Hut. Aber es war wirklich ein netter Kontakt, ein ganz lieber Mann steckte dahinter, für den sicherlich viele Frauen sehr dankbar gewesen wären.

Und so war es:
Wir verabredeten uns am Hauptbahnhof, dort gibt es ein tolles Brauereilokal, wo ich gerne bin. Ich war zuerst da, schaute ins Lokal. Es war total voll besetzt und so war es nicht ganz einfach, einen alleinsitzenden Herrn zu finden, der aussah, als wäre er mit mir verabredet. Das ist immer eine blöde Situation, denn da gibt es ja manchmal mehrere ohne jegliche Absicht für ein Date.
Gut, da war niemand, der aufstand, als ich da suchend umschaute, also bin ich wieder raus und schlenderte ein bisschen durch den Buchladen im Bahnhof und setzte mich dann ganz einfach auf die Treppen davor. Und auf einmal kam jemand von hinten und sprach mich an. Ich schaute hoch und hoch und hoch. Da stand ein Riese vor mir, R. war 2m gross und athletisch, hatte ein sehr attraktives Gesicht und lächelte total freundlich. Er half mir auf und begrüsste mich.

Mit dem ersten Blick sah ich, dass er ein total netter Kerl war, mehr wie ein grosser Teddybär - aber nichts für mich. Als er sprach, war jedes Interesse in dieser Richtung weggeblasen. Er sprach einen schrecklichen schwäbischen Akzent, den ich kaum verstand und auch was er sagte, war recht einfach gestrickt. Zudem wäre es mit der Brauerei sowieso nichts gewesen, denn er erwähnte gleich, dass er keinen Alkohol trinkt.

Gut, was nun? Ok, wir entschieden uns dann einfach für einen Kaffee bei McDonalds nebenan, der dauerte nicht so lange meiner Meinung nach. Dort sitzend erzählte mir R., dass er Sicherheitsbeamter bei einigen umliegenden Kasernen sei - alles andere muss ich ehrlich sagen, habe ich aufgrund seines Dialektes und wie er sprach, nicht verstanden. Er war total nett, aber halt einfach nicht mein Fall, schade.

R. bot mir an, mich zu meinem Wagen zu bringen, was ich gerne annahm, Gefahr habe ich nicht befürchtet. Und so ging ich neben diesem riesengrossen Mann her, ich selbst bin mit 170 cm auch nicht gerade klein. Wenn ich einen Beschützer gebraucht hätte, wäre dies perfekt gewesen, aber so verabschiedeten wir uns am Auto ganz nett und er schickte mir später noch über Badoo ein herzliches Dankeschön und gute Wünsche für die Zukunft. Auch er hatte gemerkt, dass wir beide überhaupt nicht zusammen gepasst hätten und jeder was ganz anderes suchte.

Aber an ihn denke ich wirklich mit Sympathie zurück. Ich hoffe, er hat sein Glück gefunden, so ein lieber Mensch darf nicht alleine bleiben!

Treffen 7: F.
45 J. - Stier - Single - Produktionsmitarbeiter
Autoindustrie
Kreisstadt in Schwaben - 40 km entfernt
Partnerbörse: Lokalisten

Mit F. passierte mir eine aussergewöhnliche, nicht geplante Geschichte. Alles war ganz anders als sonst. Trotz genauer Anforderungen in meinem Profil kontaktierte er mich über Lokalisten, war 45 Jahre alt und sah unverschämt gut aus, mit längerem Haar, wunderschönem Mund, blendend weissen Zähnen, strahlenden Augen, total positiver Einstellung.

Natürlich war er nicht meine Zielgruppe, aber er schrieb so nett, frech, lustig - ich konnte nicht umhin, ihm trotz des grossen Altersunterschieds zurückzuschreiben. Nachdem er dann so lustig auf meine Anfrage, was er von mir wolle, dieser Jungspund, geantwortet hatte, entspann sich ein Mailwechsel über Lokalisten, später dann per WhatsApp, der total uneinschätzbar, frech, überraschend, ernst, teilweise frivol und grenzwertig, aber immer unterhaltsam war. Oft wirkte er sehr intelligent, sehr erwachsen und ernsthaft, dann wiederum kindisch und einfach primitiv. Also zum ernsthaften Erobern einer Frau war es von Anfang an nichts.

Er liess es einfach nicht gelten, wenn ich schrieb, ich suche was ganz anderes. Immer wieder mal kam unerwartet eine Nachricht, telefoniert haben wir nie.

Ein Treffen war von meiner Seite dennoch nicht ernsthaft geplant.

Aber nachdem er nicht locker liess und sich immer wieder in Erinnerung brachte, schwirrte irgendwann in mir der Gedanke herum, dass ich frei bin, niemandem Rechenschaft ablegen muss und ein reiner Flirt vielleicht gar nicht so uninteressant wäre.
In meiner Wunschvorstellung wäre es ein schöner Zeitvertreib mit viel Spass, Lachen, Wohlfühlen geworden, während ich weiterhin nach meinem Traummann für eine feste Beziehung gesucht hätte.

Ja, F. gefiel mir optisch sehr und auch seine unberechenbare Art fand ich interessant. Er war so ganz anders. Immer wenn er Grenzen fast überschritt, stoppte ich ihn freundlich, ironisch, oder auch mal ernst. Mit ihm war es einfach eine nette Herausforderung und Unterhaltung.

Irgendwann einmal erreichte mich dann doch eine Nachricht, die sehr unter die Gürtellinie ging und meine Antwort darauf war dann doch so hart, dass er sich verabschiedete mit den Worten: "Soviel kühlen Wind kann ich leider nicht erwärmen".
In dem Moment musste ich wirklich schmunzeln und ihn bewundern, seine überlegte Wortwahl gefiel mir so gut, dass ich ihm das genau so mitteilte und schrieb, er hätte mit diesen Worten ein Treffen gewonnen. Dieses vereinbarten wir dann mitten in Augsburg.

Es war Sommer, ich war etwas früher am Treffpunkt, sass dort auf einer Bank herum und nun
passierte genau das, was mir so viele Männer
schimpfend über Fraueninserate im Internet erzählten!

Mir kam ein Mann entgegen, viel kleiner als
erwartet (höchstwahrscheinlich wirkte er kleiner,
weil er ziemlich moppelig war), mit einem dicken
runden Gesicht, die schönen Augen waren nur
noch kleine Schlitze, er hatte kurze stämmige
Beine und ungepflegte Haare. Gekrönt wurde alles
durch ein Schlabber-Shirt und eine schlecht
sitzende Jeans. Also vorbereitet auf unser Treffen
hatte er sich nicht.
Mit den Fotos, die er in Lokalisten platziert hatte,
hatte er nicht die geringste Ähnlichkeit!

Gut, da musste ich jetzt durch! Ich war offen und
freundlich und wir setzten uns in ein Lokal, tranken
Kaffee und Kuchen. Ich hatte schnell den Eindruck,
er war ziemlich eingeschüchtert von mir. Er sprach
eigentlich gar nichts, ich fragte ihn verschiedenes,
es war alles recht zäh. Er meinte, wir lernen uns ja
dann im Laufe der Zeit kennen...

Immerhin hatte ich aus ihm herausbekommen,
dass er mit seiner Stiefmutter in einem Haus am
Stadtrand wohnte, täglich nach München (50 km
entfernt) zur Arbeit fuhr, einen grossen Garten
hatte, wo er oft mit Freunden feierte. Ausgehen
war nicht so sein Ding und er schwärmte von der
Zeit vor 20 Jahren, woher auch das tolle Profilfoto
stammte. Er war nie verheiratet oder fester ge-

bunden, anscheinend nur ein Hans-Dampf-in-allen-Gassen. Oh nee, was für eine Enttäuschung!

Er sammelte jedoch ein paar Pluspunkte, da er die komplette Rechnung zahlte, während ich zur Toilette war. Das zeigte gute Manieren und Wertschätzung.
Freundlicherweise brachte er mich noch zu meinem Auto. An seiner Bemerkung dort merkte ich, dass er etwas verunsichert war.
Wir verabschiedeten uns freundlich, für mich war klar, das war der Fake des Jahrhunderts!

Am nächsten Tag kam ein WhatsApp mit der Frage: "Na, wie findest Du mich?" Ich weiss nicht mehr genau, was ich schrieb, aber es war kurz, nichtssagend und mit meiner Gegenfrage.
Daraufhin antwortete er so etwas wie, dass es bei ihm nicht wie gewünscht Klick gemacht hätte und es für eine feste Beziehung nicht, sondern nur für ein sexuelles Abenteuer reichen würde. Daraufhin schrieb ich ihm nur kurz, dass es bei mir noch nicht einmal dafür reichen würde, bedankte mich freundlich und legte diese Angelegenheit zu den Akten.

Trotz dieser Erfahrung denke ich ab und zu gerne zurück an unseren Schriftverkehr, an die Zeit der Fantasie, Ungewissheit und Erwartung.

Treffen 8: S.

**61 J. - Steinbock - geschieden - Gemeinde-
angestellter - Motorradfahrer**
Kleinstadt im Schwarzwald - 245 km entfernt
Partnerbörse: Bildkontakte

Inzwischen hatte ich die Plattform "Bildkontakte"
gefunden, die bei der Einrichtung eines Profils
zwingend ein Foto vorschreibt. Und sie gefiel mir
von der Handhabung am besten von allen.

Unter anderem schrieb mich S. an, es entwickelte
sich schnell ein guter Kontakt und ein Treffen in
Lindau. Kurz vor dem Treffen hatten wir die
WhatsApp-Tel.Nr. ausgetauscht und er schrieb
zuverlässig, dass er auf dem Weg sei mit seiner
Ankunftszeit. Die Begrüssung war nett, der erste
Eindruck recht positiv, aber mein Bauchgefühl
sagte mir, dass es bestimmt nicht die grosse Liebe
werden würde, sondern evtl. eine angenehme
Freundschaft, die sich vielleicht zu mehr entwickeln könnte. S. war total angenehm, er wirkte
sehr lieb, offen und ehrlich.

Wir gingen dann zusammen in die Stadt, tranken
einen Kaffee auf einem schönen Platz, danach
starteten wir unsere Rundtour.

Was mich an mir selbst störte war, dass mir B.
(s.Treffen 1, aus der allerersten Begegnung
damals in Lindau) nicht aus dem Kopf ging und ich
permanent verglich. Damals war es doch so schön
mit ihm dort gewesen! Das war nicht ganz fair,
aber beide Männer waren so unterschiedlich vom

111

Auftreten, von der Optik, ich konnte es nicht ändern.

Der Nachmittag war angenehm, wir erzählten beide recht viel und beschlossen, dann vor der Heimfahrt noch eine Pizza zusammen zu essen. Bevor wir sie bestellten, stellte S. klar, dass jeder seine Rechnung selbst zahlt. Ich registrierte es als total plump, uncharmant und hölzern.

Wenn er nach dem Essen gefragt hätte, wie wir es mit der Rechnung machen, hätte ich selbstver-ständlich darauf bestanden, meinen Teil zu zahlen oder es auch vorher locker nebenbei erwähnt oder sowieso mein Portemonnaie gezückt. Ich verstehe ja auch, dass es recht unfair ist und teuer wird, wenn der Mann bei jedem (auch nicht erfolg-reichen) Date die Rechnung übernimmt, hätte aber eine etwas diplomatischere Handhabung ge-wünscht. Bisher und danach war mir so etwas auch nicht passiert. Anscheinend hatte er nur schlechte Erfahrungen gemacht.

Bei der Verabschiedung später auf dem Parkplatz stand für mich eigentlich fest, dass es ein netter Zeitvertreib in einer schönen Umgebung war, aber nicht unbedingt nach Wiederholung verlangte. Ich hätte sowieso nicht nach einem Wiedersehen gefragt, aber er tat es dann und ich weiss nicht, warum ich dem zusagte. Gut, er war total lieb, aufrichtig und nett und hatte eventuell eine zweite Chance verdient - wenn man jemanden besser kennen lernt, ändert es sich vielleicht von Gefallen und Freundschaft in Liebe? Und er hatte eine so tolle Stimme. Also gut.

Tatsächlich trafen wir uns dann ein zweites Mal an einem anderen Ort, wieder hälftig zwischen ihm und mir - es war ein kleiner Kurort, wo wir uns wieder den Ort anschauten, um einen kleinen See herumgingen und viel erzählten. Er war total offen und erzählte, dass er bereits vor sieben Jahren seine Ehe beendet und seine Frau gebeten hatte zu gehen, nachdem er sie in der gemeinsamen Ferienwohnung in flagranti mit einem anderen Mann gesehen hatte. Er hat immer noch sehr darunter gelitten, das merkte man ihm an.

Danach hatte er eine längere Beziehung zu einer Frau, wo er immer mehr in den Hintergrund gedrängt wurde, die ihn hervorholte und weg schob, wie sie es wollte. Seine Erfahrungen auf den Single Plattformen waren nicht so erfolgreich, er schien frustriert und hoffnungsvoll gleichzeitig.

Wir sprachen dann einen Besuch bei mir und meinen Gegenbesuch bei ihm ab und auf dem Heimweg hatte ich ein wesentlich besseres Gefühl, verliebt war ich nicht. Aber ich hoffte darauf im Laufe der Zeit. Ich wusste, er war aufrichtig, ehrlich, gewillt und begeistert.

Inzwischen hatten wir sehr viel Kontakt über WhatsApp und ich hatte so richtig Gefallen daran gefunden. S. war absolut unterhaltsam. Es passte unsere Vergangenheit zusammen mit denselben Jugenderfahrungen, demselben Musikgeschmack, denselben Erinnerungen an unsere wilden Jahre.

Seine schönen Zeilen waren absolut gut gestaltet und rechtschreibsicher (auch das ist ein Kriterium). So z.B. schrieb er mich u.a. mal spät nachts an, nachdem er sah, dass ich online war (auch ich kann manchmal nachts nicht schlafen) und als ich ihn fragte, ob er Lust auf ein Telefonat hätte, kam sofort die Antwort: "Ich geh schnell Pipi und hol mir was zu trinken, dann rufe ich an". Sein Umgang war total locker und auch lustig, er wusste immer was zu sagen, versorgte mich mit Musik-Tipps, Geschichten und bei Telefonaten hörte ich ihn wirklich sehr gerne lachen!

Dann kam er in meine Stadt. Er hatte ganz viele kleine Geschenke dabei, das fand ich wirklich so lieb und aufmerksam. Nudeln aus seiner Heimatstadt, einen kleinen Rucksack mit Bier, Duftkerzen, einen Schnaps, Schokolade, Tee und einiges mehr. So richtig nett und ganz anders als beim ersten Treffen. Und er war wirklich verliebt, sagte, dass er nach langer Zeit mal wieder glücklich sei.

Wir verbrachten dann ein Wochenende bei mir, er war der erste meiner Kontakte, den ich näher an mich heranliess - allerdings stellte sich keine Verliebtheit bei mir ein! - und so nah, wie ich es mir für mich wünschte, kamen wir nicht. Vielleicht hätte das alles geändert, aber da lief überhapt nichts - hoffnungslos! Gut, er fuhr also wieder heim und wir besprachen meinen Gegenbesuch bei ihm.

Die Hoffnung stirbt zuletzt, er war wirklich perfekt als liebevoller Mann mit einem grossen Herzen, ich verstand mich nicht, warum das für mich nicht reichte. Genau so einen Partner wollte ich doch?

Ich fuhr dann hin, er wohnt in einer netten kleinen, für Musik berühmten Stadt in einem wunderschönen Häuschen, das er mit Liebe und Eigenleistung total hübsch hergerichtet hat.

Allerdings war jeder zweite Satz bei der Besichtigung: "Das hat meine Frau seinerzeit so gewollt - das haben wir für die Kinder so gemacht, weil sie es so wünschte - das erinnert mich an meine Frau - usw." Und es hingen noch einige Familienbilder mit den Kindern rum! Also, das nervte mich schon ziemlich! Schlecht vorbereitet für eine neue Frau!

Wir starteten los, er zeigte mir seine Umgebung, wir trafen auch Leute, die er kannte, wo ich aber nicht vorgestellt wurde und gingen dann wieder zu ihm nach Hause. Wir fühlten uns beide wohl. Er hatte im Dachgeschoss sein wirklich schönes Zimmer, tolle Musik genau nach der Stimmung und meinem Geschmack - aber auch diesmal tat sich nichts, was uns hätte näher kommen lassen.

Enttäuscht, auch über mich selbst, fuhr ich dann morgens ganz früh nach Hause durch die wunderschöne Landschaft und viel Zeit zum Nachdenken. Zu Hause endlich besann ich mich meiner eigentlichen Suche, und Kriterien, der aktuellen Situation und beschloss, diese Sache zu beenden. Es tat mir ein bisschen weh, aber nein, das wäre nichts geworden.

Ah ja, mir fiel auf und ich denke, das war der Grund: Ich hatte niemals bei ihm das Gefühl, dass es um mich persönlich ging, sondern dass er wirklich nur einen Ersatz sucht für seine grosse Liebe, seine Exfrau. Ihm war das nicht bewusst und er wollte das sicher auch nicht, aber er strahlte das vom ersten bis zum letzten Moment aus.

Ich sprach ganz ehrlich mit S., er war wirklich enttäuscht mit dem Hinweis, er hätte nun drei Frauen nacheinander so kennengelernt, er verstünde nicht, warum er so Pech habe. Ja, er war wirklich sehr traurig.

Wir blieben noch ein wenig in WhatsApp-Kontakt und bereits eine Woche später schrieb er mir, dass er total verliebt sei. Eine Frau hätte ihn auf dem Weihnachtsmarkt angesprochen und sie wären jetzt zusammen. Sie würde mit ihm jetzt zu Weihnachten in die besagte Ferienwohnung fahren. Sein Status auf WhatsApp und alles strotzte vor Verliebtheit und Seligkeit.

Gut, ich wünschte ihm viel Glück und zu meinem Geburtstag im März kam nochmals ein Gruss von ihm. Ich fragte ihn, ob sein Glück nun beständig sei - da war alles schon wieder vorbei, ganz schnell und er hätte sich ja so sehr getäuscht. Aber er wäre wieder neu ganz verrückt verliebt..... Na also!

Ich wünsche ihm wirklich von Herzen alles Glück der Welt, er hätte es wirklich endlich verdient!

Treffen 9: G.
66 J. - Steinbock - Single - Unternehmer im Ruhestand
kleiner Ort im Innkreis/Österreich - 280 km entfernt
Partnerbörse: Bildkontakte

In Bildkontakte bewertete ich ein Foto von G., worauf er sich meldete. Er schrieb, dass er etwas aus meinem vorgegebenen Altersrahmen heraus falle und es entspann sich ein netter Kontakt. Anfangs schrieben wir uns erst über Bildkontakte, kurz darauf auch über WhatsApp und Email. Wir schickten Fotos hin und her, frotzelten und erzählten.

G. war ursprünglich aus Wien und wohnte inzwischen ca. 280 km entfernt von mir in Österreich, nahe der deutschen Grenze in Passau. Ein Treffen war zwar schnell sicher aber irgendwie kam aus beiderseitigen Gründen kurzfristig kein Termin zustande. Dafür entspann sich dennoch schnell ein relativ enger Kontakt und es war nur eine Frage der Zeit.

Plötzlich jedoch war eine Unstimmigkeit da.
G. hatte mir eine lange Email geschickt, wo er (vermeintlich lustig oder ironisch) die Einstellungen der Frauen gegenüber Männern darlegte. Ich bekam das vollkommen in den falschen Hals, da ich da sehr empfindlich bin. Ich mag keine allgemeinen Vorurteile, ich hasse sexuelle Anspielungen.

Also, wie gesagt, ich hatte das völlig miss-
verstanden, mich traf nur der Schlag, als ich diese
Mail las! Ich war vollkommen enttäuscht von
diesem Mann, der ja auch nur so einer war (wer
hatte nun die Vorurteile?!). Jedenfalls liess ich
sofort ein WhatsApp los, dass ich seine Kontaktdaten gelöscht hätte und keinen weiteren Kontakt
mehr wünsche. Per Email ebenfalls.
G. traf es aus heiterem Himmel und er verstand
überhaupt nichts! Er schickte sofort eine Antwort,
dass er sich 1000mal entschuldige, für etwas, was
von seiner Seite her nicht so gemeint war und was
halt nur lustig sein sollte!
Ok, nach langem Hin und Her empfand ich mich
selbst etwas überreagierend und wurde wieder
zugänglicher. Meine Wut war etwas verraucht und
ich bewunderte insgeheim sehr, dass er kämpfte,
sei es denn auch nur, um seinen Ruf wieder
herzustellen oder tatsächlich um unser kleines
Pflänzchen der Annäherung nicht gleich zu töten.

Unsere Mails waren nun nicht mehr so häufig und
intensiv, G. hielt sich zurück und hütete sich,
irgendetwas in so einer Art nochmals zu äussern.
Wir behandelten uns zur Überbrückung bis zum
Termin etwas sachlicher und endlich, ja endlich
war unser Termin da.

Er hatte einen Termin vorgeschlagen an einem
Tag, wo er seine Schwester besuchen wollte und
mit einem kleinen Abstecher wäre es möglich,
wenn ich ein Stück entgegenkäme. Aber selbstverständlich! So trafen wir uns mittags an einem
Freitag im März. Den wunderschönen Landgasthof

kannten wir beide und wir freuten uns, auch wenn es nichts werden würde.

Ich kam um genau 12:oo Uhr an und seinen Wagen erkannte ich sofort aufgrund des Kennzeichens. Ich stellte mich ganz frech genau hinter ihn, er konnte so nicht mehr wegfahren, stieg aus und sagte zu ihm, der es im Rückspiegel sah, ausstieg und auf mich zukam: "Na, der kann jetzt nicht mehr weg und muss mich erst bitten, wegzufahren". Mit einem kühnen Spruch ist immer sofort das Eis gebrochen und so gab es auch keinerlei komische Gefühle. Es war so, wie wenn sich Freunde treffen.

Was ich sah, gefiel mir sehr! G. war schlank, gross, hatte etwas längere (genau nach meinem Geschmack!) grau melierte Haare, er hatte zu Jeans und einem dunkelblauen Rollkragenpullover einen Blazer an. Höchst charmant öffnete er mir die Tür des Lokals und managte alles mit der Reservierung, der Bestellung usw.
Wir sassen uns gegenüber und aus einem kurzen Treffen für ein Mittagessen wurden 8 Stunden! Es gab so viel zu erzählen, so viel zu lachen, so viel zum gegenseitigen Anschauen.

G. erzählte mir, dass er selbständiger Unternehmer war, überall in der Welt herumgereist war und seit ca. 10 Jahren seine Firma verkauft hat, um sein Leben nur noch zu geniessen. Er war sein Leben lang leidenschaftlicher Camper und Wohnmobilfahrer (das war nicht meine Leidenschaft!) und reiste entsprechend gerne und viel herum. Er erzählte, dass er vor geraumer Zeit einmal recht krank war und seit einiger Zeit gesundheitlich zu kämpfen hat mit Erkältungen, Ohrenentzündung und manchmal seine Stimme einfach weg ist.

So tauschten wir uns gegenseitig aus und zu seiner privaten Situation und der Frage, warum er eine Partnerin suche hörte ich, dass der Umzug seiner Lebensgefährtin nach Wien vor drei Monaten erfolgt war, nachdem man sich bereits länger vorher über eine Trennung einig war.

Die Zeit verging wie im Fluge, das Lokal war voll besetzt, als wir kamen, wurde dann leer, dann kamen wieder viele zum Kaffee, dann leerte es sich wieder und füllte sich erneut zum Abendessen. Und wir sassen immer noch da! Die Bedienungen waren sehr nett und lustig, ich glaube, die hatten schnell raus, worum es hier ging.

Kurz nach 20.oo Uhr mussten wir dann doch aufbrechen, da G. ja nicht allzu spät bei seiner Schwester eintreffen wollte und noch ein Stück Weg vor ihm lag.

Am Auto übergab er mir einen Beutel meiner Lieblingssüssigkeit und auch ich hatte für ihn, obwohl sonst eigentlich nie, eine Schokolade von dem Meisterchocolatier aus meiner Stadt.

Wir verabschiedeten uns, beide happy und zufrieden. Er versprach, sich zu melden und dass wir uns recht bald wieder sehen, eventuell sogar nochmals kurz auf seinem Heimweg zwei bis drei Tage später.

Ich fuhr nach Hause wie auf Wolke 7 und eine Freundin, die ich noch traf, sagte mir, dass ich so noch nie von einem Date zurückgekommen wäre. Ja, ich muss sagen, G. hat mir sehr gut gefallen, mit ihm hätte ich mir vorstellen können, dass wir uns näher kennenlernen und prüfen könnten, ob mehr daraus werden kann.

Am späten Abend erhielt ich noch eine Mitteilung, dass er kaum sprechen könne, er hatte sich wieder erkältet. Aber er schickte ein Foto, dass er von seiner Schwester gemacht hatte, sie sah total nett und lustig aus. Er hatte mir so viel am Nachmittag von ihr erzählt, sie war so verrückt, dass wir uns kaputt gelacht haben. Und sie war genau mein Fall, ich mag aussergewöhnliche Menschen und freute mich natürlich über das Foto. Nach einem kurzen Danke und Verabschiedung schlief ich total verliebt (?) ein und war natürlich überzeugt, dass wir uns am nächsten Tag kontaktieren.
Aber - da kam gar nichts! Ich war so enttäuscht, der Tag wurde immer länger und endlich, am späten Nachmittag kam eine kurze Mitteilung, dass er ganz arge gesundheitliche Probleme hätte und schon auf dem Heimweg wäre.

Dann hörte ich einige Tage nichts mehr von ihm, er wollte keinen Kontakt, da er ja nicht sprechen konnte. Ausserdem spielte sein Handy verrückt. Immer wenn er in Österreich über die Grenze fuhr, war zumindest keine Telefonverbindung möglich. Ob das alles so stimmte, was er erzählte? (Da hatte ich ja eine ganz schlechte Erinnerung diesbezüglich!)

Aber so geirrt haben konnte ich mich doch auch nicht! Ich hatte doch auch einen guten Eindruck auf ihn gemacht? Er war doch genauso begeistert von mir wie ich von ihm?

Da waren schon heftige Zweifel da und ich beschloss, die Schmetterlinge etwas zu beruhigen, sprich: die Angelegenheit wieder etwas nüchterner zu sehen und abzuwarten.

Ihm ging es eine ganze Zeit ganz elend und er hatte ganz andere Sorgen, aber er hielt Kontakt. Und plötzlich kam eine Email von ihm, dass seine Ex-Lebensgefährtin von seinem Zustand erfahren und sich auf den Weg zu ihm gemacht hatte. Sie hatten sehr viel Gelegenheit, über alles zu sprechen, er war ja gezwungen, ihr zuzuhören und er überlegte, ob er ihr nicht eine erneute Chance geben sollte. Er würde sich aber sehr gerne ab und zu melden, wenn ich einverstanden wäre.

Ich habe ihm einerseits sehr hoch angerechnet, dass er sehr ehrlich war und war andererseits jedoch so traurig wegen der für beide Seiten verpassten Gelegenheit.

Aber gut, ich beschloss halt weiterzusuchen, denn mir war ja klar, dass der Richtige irgendwo auf mich wartet. Es hatte keinen Sinn, an etwas zu hängen, was einem sowieso nicht gehört und lieber ein Ende am Anfang, bevor weitere Gefühle investiert sind.

So schrieb ich ihm eine wirklich nette Abschiedsmail, all meinen Egoismus zurücknehmend. Natürlich äusserte ich mein Bedauern, lobte seine

Offenheit und Ehrlichkeit und wünschte beiden viel Glück miteinander.

Das war's dann und jeder ging seine eigenen Wege. Ich schaute weiter in Bildkontakte, traf mich auch weiterhin mit interessanten Männern. Ab und zu blickte ich zurück und dachte, wie schade - er hatte mir sehr gefallen.

Aber es sollte wohl so sein und da ich immer von der Richtigkeit und dem Sinn meiner momentanen Situation überzeugt bin, war ich auch optimistisch bei meiner weiteren Suche.

Treffen 10: T.
63 J. - geschieden - angestellter Architekt - Motorradfahrer
Stadt im Landkreis Augsburg - 50 km entfernt
Partnerbörse: Bildkontakte

T. lernte ich über Bildkontakte kennen, sein Profil las sich gut, er gefiel mir optisch und er kam aus meiner weiteren Umgebung. Er machte einen recht guten Eindruck auf mich, unser erstes Treffen war ziemlich locker. Nachdem das Lokal am vereinbarten Treffpunkt geschlossen hatte, dirigierte er mich noch auf dem Parkplatz sogleich in ein nettes Lokal um die Ecke. Ich fuhr also hinter ihm her und hatte somit die Möglichkeit eines sofortigen ersten Eindrucks. Doch, das wurde bestimmt ein netter Abend! Es war wirklich kurzweilig, unsere Unterhaltung war im Fluss, es dauerte etwas länger als gedacht und der Abschied endete mit einer lockeren weiteren Verabredung.

Wir trafen uns dann erneut in meiner Stadt, hatten dort einen netten Abend, abgesehen von tiefer gehenden Gesprächen, wo er mir erzählte, wie und warum sich seine Ehe auflöste. Er hatte das anscheinend noch nicht ganz verarbeitet. Er hatte so eine grosse Wut auf seinen vermeintlichen Nebenbuhler, mit dem seine Frau jetzt zusammen lebte - das gefiel mir absolut nicht.
Ich kann es absolut nicht ausstehen, wenn ein Dritter verantwortlich für das Ende einer Beziehung gemacht wird. Es nimmt nie jemand jemanden weg, wenn es nicht schon vorher kaputt war und

es gehören immer alle dazu. Das wollte er überhaupt nicht einsehen.

Zu allem Überfluss war zusätzlich noch rundrum Zank, Streit, Eifersucht, Wut. Eine von beiden Töchtern lebte bei der Exfrau und wollte keinen Kontakt mehr zu ihm, während die jüngere 17-jährige bei ihm lebte. Und permanent sprach er von ihr. Sein Handy lag immer bereit, er entschuldigte sich auch entsprechend bei jeder Nachricht. Dass er sie vom Sport abholen müsse, da es regnet. Dass er sie nachts auf Anruf von einer Party abgeholt hat. Dass er abends nicht ohne Absprache ausgehen könne, da er für sie was kochen müsse, dass er erst alles planen muss, und und und.. . Es schien mir, als müsse diese Tochter jetzt die Leere und Einsamkeit durch die fehlende Ehefrau auffüllen und dass er sich durch diese übertriebene Fürsorglichkeit unersetzlich machen möchte.

Ich hatte den Eindruck, dass kein allzu grosses Interesse an einer Frau bestand sondern eher an Gesprächen auf freundschaftlicher Basis. Er machte auch keinerlei Anstalten für ein Näherkommen. Aber es war ja erst mal ein Anfang und konnte sich noch entwickeln? Dachte ich.....

Beim Abschied freute er sich auf das nächste Treffen mit mir, fuhr jedoch erst einmal mit seinem Freund auf eine längere Motorradtour. In dieser Zeit schrieb er mich kurz an, erzählte, dass das Wetter total mies war und dass sie früher abgebrochen hätten und er schon seit ein paar Tagen zu Hause wäre.

Nun wollte er ein weiteres Treffen mit mir. Ich sagte zu, weil ich ihn mir nochmals etwas genauer anschauen wollte und es für mich nicht mit grossem Aufwand verbunden war.

Wir hatten ein schönes Abendessen in einem netten Lokal (diesmal zahlte ich die Rechnung). Danach schlenderten wir zurück in die Altstadt und nahmen einen letzten Drink in frühsommerlicher Abendtemperatur auf einem der schönsten Plätze der Stadt.

Und wieder fing das Theater an, dass er über den neuen Mann seiner Exfrau schimpfte, wieder stellte er sich als Opfer dar. Da hat es mir dann doch gereicht und ich habe ihm nett aber direkt meine Meinung hierzu gesagt. Er solle das doch mal hinter sich lassen und ob er überhaupt Freude in seinem Leben hätte. Er war so voller Hass und wolle ihn weiterhin pflegen (ja, so sagte er es!), und damit war auch sein Ende bei mir besiegelt.

Beim Abschied sagte ich ihm, dass es keine weiteren Treffen mehr gäbe und er erst einmal dazu bereit sein müsse für eine neue Frau.
Puh, ich war froh, als ich zu Hause war! Wir haben nie wieder etwas voneinander gehört, zu Herzen genommen hat es es sich sicher nicht!

Treffen 11: G.

**65 J. - Fische - geschieden - Dipl.Ing. -
selbständig - Motorradfahrer
Kleinstadt am Neckar - 280 km entfernt
Partnerbörse: Bildkontakte**

Beim Stöbern bei Bildkontakte fiel mir G. auf, er
sah auf dem Profilbild offen und zufrieden aus und
hatte sein Profil interessant und vollständig
ausgefüllt. Ich kam nicht umhin, ihn anzuschreiben
mit folgendem Text:

"Na das ist doch mal ein Profil, das nicht einfach
weggeklickt werden kann! Hier hat jemand wirklich
was zu sagen - es gefällt mir, was ich da so sehe
und lese...
So lasse ich momentan einen schnellen Gruss und
ein Kompliment da, vielleicht hast Du Interesse an
einem weiteren Kontakt und Lust auf einen
gemeinsamen Kaffee (ggfs. irgendwo auf halber
Strecke)? Jetzt, wo die Sonne so toll scheint und
der Sommer vor uns liegt? Ich würde mich freuen."

Es dauerte ein wenig, dann kam seine Antwort, die
mich sehr freute, aber auch teilweise erschreckte.
Erst schilderte er, dass er in Urlaub war und gab
mir seine WhatsApp-Nummer für einen weiteren
Kontakt (was natürlich Vertrauen erweckt), er
schrieb davon, was er sich wünschte und endete
mit einigen Sätzen, die mir doch ziemlich fraglich
erschienen, denn wir kannten uns ja noch gar
nicht? Unter anderem war sein Wortlaut:
"Dann, wie können wir das hinkriegen, wenn ich
beginne, Dich zu lieben? Dann will ich Dich auch in

127

meiner Nähe wissen, und da sind 280 km ja nicht gerade um die Ecke. Klar wird das am Anfang eine Wochenendbeziehung, aber dann?....."

Aber gut, auf zu neuen Abenteuern! Ich wollte wissen, was für ein Mann dahintersteckt und wir verabredeten und auf halber Strecke in einer ganz netten kleinen Stadt. Am Bahnhof wollten wir uns treffen und als ich einparkte, kam er schon an mein Auto, fröhlich und gutaussehend, nahm mich beim Aussteigen gleich in den Arm, hakte sich bei mir unter (puh, das ging mir alles etwas zu schnell!) und wir gingen in die Stadt. Er hatte mir ein Blümchen aus seinem Garten mitgebracht, einfach so ohne grosses Schnickschnack, total süss (ich habe es noch heute getrocknet bei mir stehen, weil mir diese Geste so gut gefiel).

Gut, dann kam natürlich das Übliche, ein nettes Lokal finden, dort haben wir gegessen und uns wirklich toll unterhalten. Er erzählte von seinem Beruf und was er so alles erlebt hat. Er war sehr viel im Ausland und hatte viel interessantes zu berichten. Seine eigene Firma war gerade in neue Hände gegangen und er hatte noch einige Restabwicklungen zu erledigen, aber danach wollte er reisen, mehr Zeit für seinen Garten nutzen und einfach schön leben.

Wir schlenderten durch die Stadt, gingen später noch in eine Konditorei, wo wir jeder eine Kuchen-spezialität der Stadt mitnahmen. Jedesmal, wenn ich mein Portemonnaie zückte, nahm er mich lachend in den Arm und liess es nicht zu. Es war schön, überhaupt nicht peinlich für mich und ich genoss einfach den schönen Nachmittag mit ihm. Es war so fröhlich, so lebhaft.

Danach machten wir noch kurz eine kleine Wanderung hoch zu einer kleinen Burg und dann war es Zeit für den Abschied, da G. noch einiges zu Hause vorzubereiten hatte für den nächsten Tag.

Was noch ganz lustig war: Er brachte mich zum Auto, stieg mit mir ein, da ich ihn zu seinem Wagen bringen wollte und wir standen auf dem Parkplatz und schauten lachend und diskutierend zusammen in den Rückspiegel, um unsere Augenfarbe miteinander zu vergleichen. Er stieg dann aus und tanzte ganz fröhlich noch einmal um mein Auto mit einem Winken und dann war er weg! Ein nächstes Treffen hatten wir nicht vereinbart.

Ja, es war ein wunderschöner Tag, auf der Heimfahrt hatte ich ja Zeit, über alles nachzudenken. Ich war sehr gespalten, denn auf der einen Seite war er so total distanzlos, auf der anderen Seite so lustig, fröhlich, lebensfroh, offen. Er gefiel mir wirklich gut. In Erinnerung blieb mir sein wunderschönes Grübchen in einem markanten Kinn.

Als ich zu Hause war, schrieb er mich noch einmal mit WhatsApp an, ob wir den mitgenommenen Kuchen nun zusammen (jeder zu Hause für sich) essen würden? Ansonsten nichts, und dann war Funkstille!

Ca. eine Woche später verabschiedete ich mich freundlich von ihm, dass es wohl nichts würde, da er sich nicht mehr gemeldet hatte.

Ich hätte sehr gerne alles intensiviert, sah aber eigentlich keine grosse Begeisterung auf seiner Seite. Deshalb lieber nicht aufhalten, schnell ein Ende und frei sein zur Weitersuche.

Daraufhin kam aber seine Antwort, ob ich nicht verstünde, dass manche Menschen auch arbeiten müssten und er so viel um die Ohren hatte. Es klang ein wenig beleidigt, aber wir waren wieder in Kontakt.

Irgendwie kam es dann relativ kurz doch zu einem weiteren Treffen. Hier wiederum fand ich seinen Einfallsreichtum wieder total schön, er schrieb mich an, dass er mich sehen wolle und er sich was überlegen würde.
Prompt kam er dann mit drei Vorschlägen: Einmal mit einer Bergwanderung mit Übernachtung in einer Hütte, zum Zweiten mit dem Besuch einer Therme und als Drittes mit der Einladung zu sich, damit ich sein Umfeld kennenlernen könne.
Ich entschied mich für die dritte Möglichkeit, da ich so jederzeit wieder gehen konnte, auf eine Bergwanderung hatte ich so gar keine Lust und gleich in eine Therme mit Sauna? Ne, das kam ja gar nicht in Frage!

Die Korrespondenz ging etwas hin und her und mein Besuch nahte. Er wollte ein Frühstück vorbereiten und fragte mich als "meine Princi-pessa", worauf ich Lust hätte. Ja, er hatte immer wieder eine so tolle witzige Art und ich freute mich sehr auf den Tag bei ihm.

Als ich dort ankam, holte er mich in seinen Zaubergarten. Er hatte das Frühstück wunderschön vorbereitet, mit vielen Leckereien, mit Produkten aus seinem Garten, mit Sekt. Er war leger angezogen und seine lockere Art kannte ich ja schon. Er trat mir ab und zu wieder etwas zu nahe - ich hatte das Gefühl, auf der Hut sein zu müssen - , aber das war so einfach sein Naturell. Es war sicher nicht böse gemeint, für mich war es aber immer wieder mit Rückzug und Abwehr verbunden. Entspannen konnte ich mich so nicht!

Als er mir sein Haus dann innen zeigte, war ich hin und weg! Es war ein altes Bauernhaus, das er mit viel Eigenleistung und Liebe ausgebaut hatte. Alles war auf verschiedenen Ebenen mit sehr viel Holz, natürlich fehlte auch der Kachelofen nicht. Es war alles nicht klinisch sauber, die Küche, die Möbel, das Bad und auch der teilweise glasüberdachte Anbau. Ich liebe das ja, für mich hat so etwas Gemütlichkeit und es zeigte mir, dass er kein Sauberkeitsfanatiker ist. Sehr angenehm. Und erfreulicherweise hatte er keinen Fernseher.

Als es dann zu kühl wurde, sassen wir im Wohnzimmer, ich stöberte in seinen Büchern, stellte fest, dass wir genau denselben Geschmack haben. Das gleiche galt für die Musik, er wunderte sich, dass ich Keith Urban höre. Er zeigte mir dann auf Leinwand eine wunderschöne Fassung von Shakespeares "Sommernachtstraum", was wir zusammengekuschelt anschauten. Ich war gerade

131

dabei, mich richtig gut zu entspannen und Nähe zuzulassen auch im Hinblick darauf, dass ich eventuell über Nacht bleiben wollte.

Aber irgend etwas störte mich dann doch so sehr, ich kann es nicht mehr sagen, was. Ihn trifft wirklich keine Schuld und er nahm es dann nach einem kurzen Versuch, mich zu überreden, hin, bestand aber noch auf einem Abendessen, bevor ich nach Hause fuhr.

Der Abschied am Auto war wieder wie beim ersten Treffen, lustig, nett, aber kein Wort, wann wir uns wiedersehen. Doch, es war alles so schön, bis zu einem gewissen Punkt - ich weiss wirklich nicht, was mich da geritten hatte und unterwegs habe ich mir wirklich den Kopf zerbrochen über meine plötzliche Flucht. Ich war traurig, durcheinander und verstand die Welt nicht mehr.

Er schickte mir dann später noch ein tolles Lied nach meinem Musikgeschmack und wir hatten Kontakt, der sich dann doch wieder intensivierte und einen nochmaligen Besuch von mir zur Folge hatte (ich war in Heidelberg und kam auf dem Rückweg bei ihm vorbei). Da war es dann wirklich harmonisch und richtig schön.

Wir sprachen über viele Sachen, er bat mich, mit ihm nach Indien zu fahren, wo er durch seine Arbeit Freunde hat. Er wollte mir dort alles zeigen, mit mir am Strand wandern, und das alles am besten sofort. Ich blieb über Nacht und G. musste am nächsten Tag arbeiten, nahm sich aber extra deswegen den Vormittag frei. So hatten wir noch ein sehr schönes Frühstück und er fragte mich, ob er mir nicht das Geld für die Übernahme meines Geschäftes (da stand der Verkauf an eine Nachfolgerin schon fest, der Termin war allerdings erst in ca. einem Jahr) gleich geben solle, dann wäre ich frei und wir könnten zusammen reisen. Mir gefiel dieses Angebot, seine Grosszügigkeit dahinter - aber annehmen konnte und würde ich es nicht!

Ich fuhr dann nach Hause und wieder kamen nur flapsige Nachrichten per Whatsapp, niemals etwas greifbar verbindliches - ernsthaft zeigte er sich mir immer nur, wenn wir zusammen waren.
Ich blickte da überhaupt nicht durch, war enttäuscht, und so war das Entstehen einer engeren Beziehung für mich nicht möglich, was wir beide doch eigentlich wollten. Mir schien, dass der Zug dafür bereits abgefahren sei und nur durch ganz konkrete Nähe alles in die richtigen Wege hätte geleitet werden können.

Gut, um die Sache abzukürzen:
Ich habe G. noch einmal besucht, um doch noch zu sehen, ob etwas daraus entstehen könnte und ob bei mir noch Interesse oder Faszination da war. Er gefiel mir ja immer noch. Es war dann nur ein kurzer netter Besuch, ich hatte meinen Kopf doch schon woanders, und er erklärte mir, dass er sowieso momentan nicht an einer festen Bindung interessiert wäre.

Ich war so traurig, mir gefiel sein Haus, sein Garten, ich hätte mir wirklich vorstellen können, es mit ihm zu teilen. Ich wäre irgendwann sicher gerne mit ihm nach Indien gefahren.

133

Dieser Mann war ja auch etwas Besonderes, als Mensch hat er mich sehr beeindruckt. Wir hatten festgestellt, dass wir in allen Bereichen durch dieselben Vorlieben harmonieren würden aber die Umstände wollten anscheinend nicht, dass etwas daraus wird. Irgendwie ging es einfach nicht. Ich weiss, dass ich ihn immer in meinem Kopf und Herzen behalten werde und eines Tages wird mir vielleicht klar werden, was nicht passte oder vielleicht kreuzen sich unsere Wege noch einmal zu einer anderen Zeit?

Wir haben auch heute noch einen ganz losen WhatsApp-Kontakt, ab und zu erhalte ich von ihm nach wie vor lustige Bilder, Videos, Sprüche, auch mal die Frage wie es mir geht und ob ich mal wieder in die Nähe komme - Persönliches kommt von ihm jedoch nicht.

Treffen 12: A.
62 J. - Stier - geschieden - Angestellter
Grossstadt im nördlichen Bayern - 225 km entfernt
Partnerbörse: Bildkontakte

Nach einer netten Kontaktaufnahme und ein bisschen Hin- und Hergeschreibe vereinbarten wir ein Treffen auf der Mitte.

Wir beiden kannten Donauwörth und so traf ich mich mit A. dort bei meinem Lieblingsitaliener auf der Terrasse. Es war mittag, ich war schon früher da und als er kam, fiel mir auf, dass er recht schmächtig wirkte, sportlich bis hager und nicht so gross, wie mit 176 angegeben. Er erschien mit Rucksack, sah ein bisschen nach Birkenstock-Fraktion aus, so gar nicht mein Ding. Sein Gesicht war zwar recht gutaussehend, jedoch mit einer gewissen Frustration, was sich auch dann während des Gesprächs bewahrheitete.

Ich wusste gleich, dass er nicht mein Geschmack war, wieder einmal hatte ein Foto besser gewirkt als dann das Original.

Unser Gespräch beim Essen war ok, blieb aber von mir her gewollt oberflächlich. Er erzählte von seinen Kindern, die in seiner doch etwas kleinen Wohnung oft zu Besuch kämen und über irgendwelche Probleme mit seiner Exfrau. Ach, und ums Geld und sparsam leben ging es auch! Genau das, was man nicht unbedingt wissen will. Er hat mich recht schnell gelangweilt, alles erschien mir wie ein

verhunztes Leben und Gejammer bei selbst er-
wähltem Leid!

Wir merkten beide, dass es mit uns nichts werden
kann, zahlten getrennt und verabschiedeten uns
freundlich ohne die Frage nach einem erneuten
Wiedersehen.

Dieses kurze Treffen war für mich abgehakt und
eines, wo ich mal nicht sagen konnte, dass es
wirklich nett war.

Treffen 13: J.
64 J. - Waage - geschieden - Fabrikant - Haus auf Cran Canaria
Grossstadt im Schwarzwald - 295 km entfernt
Partnerbörse: Bildkontakte.

J. hatte mich in Bildkontakte gesehen und schrieb mich an mit den Worten, dass er sich freue, mich gefunden zu haben. Er machte Komplimente und erzählte viel von sich. Sein Profil las sich sehr gut, eines seiner Fotos zeigte einen sehr kultivierten älteren Herrn, etwas konservativ. Auf einem anderen sah ich einen interessanten sportlichen Mann - es waren zwei total verschiedene Seiten von ihm. Seine Interessen ähnelten meinen und er meinte, nur ein Problem zu haben. Und zwar wohnte er grösstenteils auf Gran Canaria, und wenn ich wollte, könnte er mir einen schönen Platz an der Sonne bieten.

Es war alles in allem ein sehr netter Anfang, der von mir natürlich erfreut beantwortet wurde und es dauerte nicht lange bis zu unserem ersten Telefonat. Er machte auf mich einen sehr seriösen, liebenswerten Eindruck und ich telefonierte mehrfach mit ihm.

Er war Hersteller für Gesundheitsartikel und bereitete sich auf seinen Lebensabend vor, indem er den Verkauf seiner Firma bereits in die Wege geleitet hatte. Seine Frau hatte ihn vor einiger Zeit verlassen und er wollte seine Zeit und sein Geld gerne auf Reisen und auf seiner schönen Insel mit einer liebenswerten Partnerin verbringen. Er bat mich um ein Treffen irgendwo am Bodensee, wo er ein sehr schönes Lokal kannte und mich zu einem netten Essen einlud.

Er erzählte auch, dass er geschäftliche Kontakte am Ammersee habe und die Gegend recht gut kennt und liebt. Auch sein Firmenverkauf dorthin war angedacht und in Planung.

Eigentlich erzählte er mir recht viel am Telefon, so auch, dass er an der Schweizer Grenze in seinem eigenen Mehrfamilienhaus lebe, welches er mit einer Schwester und einem Bruder teile. Seit der Trennung von seiner Frau war ihm seine Wohnung zu gross und leer und ich merkte, dass er ein absoluter Familienmensch mit guten sozialen Kontakten war. Allerdings hörte ich auch ziemlich ungute Worte über seine Exfrau, was mir gar nicht gefiel.

Wir machten unser Treffen aus und zum Abschied versprach er mir noch ein aktuelles Foto.
Das Foto kam am nächsten Morgen und was ich da sah, war so gar nicht mein Geschmack. In meinen Augen war dies ein wirklich alter Mann in einem gelben(!) Jogginganzug im Garten, mit irgendeiner Comicfigur auf dem Oberteil und die Umgebung und alles wirkte auf mich absolut kleinbürgerlich. Also so ganz und gar nicht mein Leben und meine Vorstellung. In diesem Umfeld konnte ich mich gar nicht vorstellen.

Ich wusste da bereits, dass es nichts werden kann mit uns und hatte keinerlei Eile mehr mit dem Treffen. Es war genau die Zeit, wo die Hochzeitsvorbereitungen meines Sohnes mit seiner Braut stattfanden und ich mir die Zeit für die Fahrt zum Bodensee sowieso wirklich irgendwo hätte abzwacken müssen. Bei einer grossen Vorfreude hätte ich es natürlich liebend gerne getan.

Ich schrieb ihm also und erklärte, dass es momentan nichts würde mit unserem Essen. Er verstand, war etwas traurig aber wir versprachen, in Kontakt zu bleiben. Ca. 2-3 Wochen später, die Hochzeit war wunderschön und erledigt, hörte ich wieder von ihm. Er war in den Endverhandlungen für den Verkauf seines Lebenswerkes und diese fanden wie geplant in der Nähe meines Wohnortes statt.
Er schrieb per WhatsApp, dass er ein Hotel für drei Nächte in meiner Stadt gebucht habe und mich gerne sehen wolle. Die Ironie des Schicksals wollte es, dass das Hotel genau zwei Häuser neben meinem Wohnhaus war - aber das nur nebenbei, ich habe es ihm natürlich nicht gesagt.

Ich sagte zu und holte ihn im Hotel ab, wir gingen in ein hübsches Restaurant meiner Wahl und er war wirklich ein Gentleman. Allerdings hatte ich mit meiner Einschätzung absolut recht. Er wirkte viel älter als andere Männer, die ich im selben Alter kennengelernt hatte. Seine Kleidung war leger und gut, etwas konservativ und nicht billig, ebenso seine Brille. Er war nicht allzu gross mit grauem vollem Haar, hatte einen badischen Charme - aber er wirkte auf mich einfach überhaupt nicht aufregend oder interessant. Als guter verlässlicher Freund bestimmt, aber ich konnte mir absolut nicht

vorstellen, mit ihm irgendwelche Betten zu durch-
wühlen.

Das ausgesuchte Restaurant war natürlich sehr
gut, wir bestellten einen guten Wein und beim
Durchschauen der Speisekarte kam von ihm die
Einschränkung, dass er aufpassen müsse, weil er
vor nicht allzu langer Zeit operiert worden war. Gut,
also wurde es mehr ein kleinerer Imbiss.

Während des Essens brachte er mich auf den
neuesten Stand, was seine Firma, seine Ge-
schwister und seine weiteren Vorhaben betraf. Er
hatte sein Haus auf Gran Canaria nun doch
gerade verkauft, da er wieder lieber in seinem
Heimatort leben wollte. Er erzählte und erzählte.
Mir fiel auf, dass er mich nicht ausreden liess, mich
unterbrach und oft gar nicht zuhörte. Und dann
hörte ich mir noch an, dass er seinen Gürtel
lockern müsse, da er eine Prostata-Operation
hinter sich hatte, die ihm noch Schwierigkeiten
machen würde und jetzt müsse er ganz schnell
aufs Klo aus demselben Grund.

Oh Gott, auf so etwas hatte ich nun wirklich keine
Lust mehr! Wenn es nett gewesen wäre, hätten wir
sicherlich noch einen Wein getrunken, so aber zog
es mich unweigerlich nach Hause und wir machten
uns auf den Weg. Für ihn war es ein sehr
günstiger, für mich ein sehr kurzer Abend.
Vorm Hotel verabschiedeten wir uns, ich ging die
paar Schritte weiter zu mir nach Hause und war
froh, in mein Bett fallen und diese Begegnung
abhaken zu können.

Ich möchte aber keineswegs unfair sein und muss sagen, dass er, wenn er die richtige Frau findet - was ich ihm wirklich sehr wünsche - bestimmt ein verlässlicher, geordneter, bestimmt auch liebevoller Partner sein wird, der sich einfach genau in seinen geregelten Bahnen und Umfeld mit einer entsprechenden Frau wohlfühlen würde.

Mit mir leider nicht, ich wäre ihm sowieso zu anstrengend und er mir zu langweilig.

So gingen wir auseinander, er schrieb am nächsten Morgen noch ein Schade und schickte ein Lied (ich kann mich gar nicht mehr erinnern, was es war), und machte sich auf den Heimweg.

Er wird sicher immer an mich denken, wenn er wegen seiner Firma nochmals hier in die Gegend muss.

So, nachdem nun alle Treffen geschildert sind, ist es an der Zeit für die Auflösung, was sich aus meiner Partnersuche per Internet ergeben hat?

Ergebnis meiner Partnersuche:

Du bist jetzt sicher total gespannt, wer mein Traummann geworden ist?
Es ist die Nummer 9, G. aus Österreich.

Und das ist unsere Geschichte:

Nachdem ich G. alles Gute gewünscht hatte, war für mich eigentlich klar, dass meine Suche weitergehen würde. Entsprechend mit der Einsicht "es ist wie es ist" hatte ich mich natürlich auch mit anderen Interessenten verabredet.

Irgendwie ging mir G. aber nicht ganz aus dem Kopf, er hatte mir ja beim Treffen so gut gefallen. Ich wollte einfach wissen, wie es ihm geht. Ich wusste, dass er gesundheitliche Probleme hatte und so schrieb ich ihn genauso mit diesen Worten nach 8 Wochen noch einmal an.

Und da kam dann eine Antwort, die mich sehr freute und meine Hoffnung sofort neu entfachte. G. schrieb, dass er lange in Kur war, noch eine weitere Kur anstünde und ob ich danach gewillt wäre, ihm meine geliebte Heimatstadt zu zeigen? Ja, das war so schön, denn es zeigte mir, dass anscheinend seinerseits doch Interesse bestand und es anscheinend mit der Versöhnung seiner früheren Partnerin nichts geworden war. So sagte ich natürlich gerne zu. Wir hatten dann auch einen regen Schriftverkehr, später auch Telefonate, planten hin und her.

Bei mir stand noch die Hochzeit in der Familie an, er hatte noch einige gesundheitliche Massnahmen vor sich und so entschieden wir uns für ein Treffen hier in meiner Stadt am 01. Juli 2016.

Inzwischen waren seit unserem ersten Treffen dreieinhalb Monate vergangen und ich fragte ihn beim Telefonat, wie lange er denn bleiben wolle. Daraufhin antwortete er, dass er sich nach mir richten würde, er hätte ja Zeit.

Ohje, das war jetzt eine Aufgabe für mich!

Ich überlegte und sagte ihm dann, dass ich mir vorstellen könne, eine Woche einzuplanen und zwar so, dass ich ihm zwei Tage meine Stadt zeige und wir dann, wenn es zwischen uns passt, die anderen Tage zusammen mit einer Rundreise hier in der Gegend verbringen könnten.

Und dann fingen meine weiteren Überlegungen an: Aber wie mache ich es nun mit ihm? Vor allem nachts? Zu mir würde ich ihn natürlich nicht sofort einladen, das kam also gar nicht in Frage. Ich wollte erst sehen, ob meine Faszination des ersten Treffens tatsächlich noch da war. Und ich wollte ihm natürlich nicht einen falschen Eindruck geben, zu aufdringlich oder willig zu sein. So habe ich es gleich so verpackt, dass ich ihm ein Hotelzimmer für die zweiNächte hier buchen würde und er danach wieder heimfahren könne/dürfe/solle, wenn es nicht passt. Damit hatte ich ein sehr gutes Gefühl, er war damit einverstanden und somit war alles klar.

Nun war der Tag da.

G. sandte mir eine kurze Nachricht, dass er im Hotel angekommen sei. Ich antwortete, dass ich in fünf Minuten da wäre und so lief ich dann schnell rüber. Und da sah ich ihn, er packte noch etwas aus seinem Auto aus, er sah mich - und es war alles so, wie ich es mir gewünscht hatte. Ja, die Faszination war genauso da wie beim ersten Treffen, ich war total glücklich und ihm ging es anscheinend genauso wie mir!

Wir verbrachten dann einen wirklich schönen Nachmittag, ich zeigte ihm meine Stadt, das Wetter war wunderbar und spät abends brachte er mich dann brav vor meine Haustüre. Wir verabredeten, dass wir morgens bei mir frühstücken und er brachte Brötchen auf dem Weg zu mir mit. Ja, und dann war er bei mir.

Die anschliessende geplante Reise war natürlich ohne Frage wie erträumt und alles spielte mit: das Wetter, die Gegend und die Lokale, die ich ihm zeigte, die Leute, die wir besuchten, die gute Laune, das Lachen, die Erzählungen, die Verliebtheit auf beiden Seiten - einfach alles. Es war, als würden wir uns schon ewig kennen. Und seitdem sind wir zusammen.

G. wohnt ca. 280 km von mir entfernt in Österreich und es begann eine Planung, wie oft und wo wir uns sehen. Ich war ja noch im Beruf für ein Jahr, konnte aber meine freie Zeit recht gut planen. Er sagte, dass er auch 500 km fahren würde, nur um mich eine Stunde zu sehen. Ach, das war schon schön.

144

Wir trafen uns sehr oft, meistens immer nach zwei Wochen für eine ganze Woche, entweder bei ihm oder bei mir. Er zeigte mir sein Leben, ich ihm meines. Unsere jeweiligen Freunde lernten uns als Paar kennen, Weihnachten/Silvester verbrachten wir natürlich zusammen.

Als ich dann im April im folgenden Jahr in Rente ging, war unsere erste Tat, für acht Wochen mit seinem Wohnmobil nach Südengland/Cornwall/Holland zu reisen.

Und das ist der aktuelle Stand unserer Partnerschaft, die nur durch das Internet möglich geworden ist:

Inzwischen sind mehr als zwei Jahre vergangen, unsere Reisefreudigkeit nimmt nicht ab. Wir haben entschieden, dass wir sowohl in meiner Stadt als auch in seinem Wohnort wohnen wollen.
Ich muss doch öfters noch bei mir zu Hause sein, da ich jeden Monat jeweils noch für ein paar Tage freiberuflich arbeite, meine sozialen Kontakte behalten möchte und ganz einfach meine Stadt liebe. Und das tut G. auch, es hat ihm bei mir sofort sehr gut gefallen.

Inzwischen haben wir meine Wohnung in eine kleinere getauscht, sein grosses Haus wird irgendwann unser Hauptwohnsitz werden und die kleine Wohnung sehen wir als Ferienwohnung, wobei wir zeitlich momentan an beiden Stellen fast gleich viel Zeit verbringen. Ab und zu mal ich allein, mal zusammen, mal er alleine.

Wir haben viele Reisen zusammen unternommen, wir kommen auf engstem Raum miteinander aus, wir verbringen durch die beiden Wohnorte auch viel Zeit jeder alleine für sich.

Anfangs gab es natürlich doch die ein oder andere nicht passende Auffassung, Diskussion, Theater - es gab auch Zeiten, wo ich einer Trennung näher war als einem Zusammenraufen. Aber irgendwie haben wir das auch geschafft, uns versöhnt, alles nicht so ernst genommen und inzwischen darüber gelacht. Eben wie bei jedem neuen Paar, das sich kennenlernt.
Wir sind zwei total verschiedene Charaktere.

Ich bin ziemlich chaotisch, weiss immer, was ich nicht will, lasse sehr schwer mit mir reden, Diskussionen hasse ich, rufe immer nach meiner Brille, den Schlüsseln oder Portemonnaie, es muss nicht immer alles sofort erledigt werden und es muss auch nicht immer alles picobello aufgeräumt und clean sein. Meine Familie, die vielen Freunde und Bekannte sind mir sehr wichtig und ich plane einfach immer schnell, spontan und nicht immer verständlich. Ich liebe lange kuschelige Lesetage, habe keinen Fernseher, mag lange Spaziergänge mit den Hunden, schreibe viel und mache mir sehr viele Gedanken über Sinn und Zweck meines Lebens. Ich bin sehr schnell total begeistert und überschwänglich, aber auch ab und zu sehr vorurteilsbehaftet und kritisch.

G. ist durch seine frühere Tätigkeit als Unternehmer sehr korrekt, fast pingelig (sage ich), bei ihm zu Hause ist es wie geschleckt, es wird lange

146

vorher alles akribisch geplant und Abweichungen davon hasst er. Er schreibt Listen für alles, weiss immer, wo und wie seine Finanzen stehen, seine Autos sehen immer innen aus wie neu. Er genießt das Sitzen auf einem Stadtplatz mit einem Glas Aperol zum Leute beobachten, liest recht selten, sieht viele Dokus und Reiseberichte im Fernsehen. Ich habe ihn noch nie wütend erlebt, er ist immer ruhig und ausgeglichen. Er ist der beste Auto-fahrer, den ich kenne.

Er schlendert durch die Welt - ich renne!
Ihm ist nichts zu viel, alles muss sofort erledigt werden - ich bin oft bequem und schiebe Sachen vor mir her.
Er liebt die Malediven - ich Holland und die Nordsee!
Sein Leben lang war er Camping-/Wohnmobil-freund - das ist überhaupt nicht meine Welt!
Tiere lieben wir beide über alles und er hat auch gleich meine beiden Hunde akzeptiert (obwohl sie haaren und Schmutz machen) und ins Herz geschlossen, auch wenn er sich nie selbst ein Tier zulegen würde, sondern nur seine Nachbarkatzen permanent füttert und verwöhnt.

Trotz der Unterschiede passt es wirklich gut, wir beide haben unsere Erfahrungen im Internet gesammelt und sind so glücklich, dass damals jeder von uns beiden den Versuch gestartet hat. Nur wer wagt, gewinnt - wir haben uns gewonnen und so ist mein Wunsch in Erfüllung gegangen, eine letzte grosse Liebe in meinem Alter zu erleben.

Und deshalb:

Mit 60+ einen neuen Partner finden? Ja, aber sicher!

Für mich persönlich hat sich die Suche über das Internet mehr als gelohnt. Es waren so tolle Erlebnisse, ich denke gerne daran zurück.

Ich war mir so sicher, dass ich einen Partner an meiner Seite wollte und ich war felsenfest überzeugt, dass ich ihn über diesen Weg finden werde. Und so ist es dann auch geschehen.

So möchte ich wirklich allen Frauen in meinem Alter, die sich wirklich ehrlich, aufrichtig und bewusst nach einem Partner sehnen, Mut machen, sich einfach auf diesen Weg zu begeben. Es kann mit der richtigen Einstellung und der richtigen Vorgehensweise gar nicht schiefgehen!

Mein letzter Abschlussgedanke:

Es scheitern viele Beziehungen schon im Vorfeld an zu grossen Ansprüchen. Je nach Erlebtem in vorherigen Beziehungen versucht so mancher nach der Devise "Das soll mir nicht noch mal passieren", alles Störende konsequent abzublocken. So wird manchmal die (evtl. letzte) Chance des Lebens auf eine glückliche Partnerschaft vermasselt. Eine Garantie gibt es nie, aber ohne Versuch, sich mit gutem Willen und Mut einfach mal einzulassen, ist die Welt trist und weiterhin einsam.

Die beste Grundlage für eine gute Beziehung ist zu lernen, alleine glücklich zu sein; ein Partner ist nicht dafür zuständig. Dafür kannst und musst Du schon selbst sorgen.

Nur so ist dein Partner als Ergänzung willkommen, frei gewählt und keine Notwendigkeit. Und genau das wünsche ich Dir/Euch. Ihr werdet sehr glücklich werden.

****

Du siehst, meine Internetsuche ging kunterbunt durcheinander, mit vielen erwarteten und unerwarteten Gegebenheiten. Teilweise zum Lachen, teilweise zum Augenbrauenhochziehen, teilweise mit Kopfschütteln und teilweise mit viel Freude.

Und deswegen dachte ich mir, es ist auch für andere interessant, wenngleich jeder Einzelne seine eigenen Erfahrungen und Erlebnisse haben wird.

Und wenn Dir meine Erlebnisse, Ergebnisse, Erfahrungen, Tipps gefallen und geholfen haben, so würde ich mich sehr über eine Rückmeldung freuen. Schildere mir doch bitte Deine Erlebnisse, frage bei Bedarf nach Rat und Meinung oder teile mir auch Deine Kritik mit.
Und jetzt drücke ich ganz fest die Daumen, dass auch für Dich die Partnersuche im Internet den gewünschten Erfolg bringt.

Im Anhang findest Du noch verschiedene Empfehlungen, die nützlich sein können, und das nicht nur im Hinblick auf die Partnersuche sondern auch zur

149

persönlichen Weiterentwicklung, zur Freude, zur Unterhaltung, zum Nachdenken.

Du erreichst mich unter meiner Email:
Tina.2013@gmx.de

Empfehlungen von allem, was mir geholfen hat und immer wieder gut tut:

Bücher, die mich bei meiner unerwarteten Trennung unterstützt haben:

Manfred Miethe
Trennung (Verstehen, Vergeben, Weitergehen)
****

Madame Missou
Glücklich Single
****

Gina Kästele
Und plötzlich wieder Single

Nach wie vor top aktuelle Bücher, die ich von Zeit zu Zeit immer mal wieder lese:

Paul Bernard
Mit Worten heilen
Bei ihm war ich eine Woche in Einzelbehandlung - er hat mich mit Affirmationen vertraut gemacht und wendet sie in seiner Praxis erfolgreich an
****

Pierre Franck
Einfach glücklich sein - Erfolgreich wünschen - Der 6 Minuten Coach
****

Barbara Costa
Affirmationen erlernen
****

Hajo Banzaf
Schlüsselworte zum Tarot
****

Vera Griebert-Schröder/Franziska Muri
Die Rauhnächte als Quelle der Ruhe und Kraft -
Vom Zauber der Rauhnächte

Das sind Bücher, die mein Leben und meinen Werdegang geprägt haben, immer noch zu kaufen sind und die viele meiner Altersgruppe kennen werden:

Silva Mind Control
Hier gibt es viele Bücher von unterschiedlichen Autoren. Die Grundlage ist die Methode nach Jose Silva, der die Kurse entwickelt hat.
****

Dr. Joseph Murphy
Die verschiedensten Bücher von ihm sind alle interessant
****

Dale Carnegie
Wie man Freunde gewinnt - Sorge dich nicht, lebe - Der Erfolg ist in dir - Freu dich des Lebens u.v.m.

Inspirierende YouTube-Videos, die ich mir von Zeit zu Zeit immer mal anschaue:

Veith Lindau - Pierre Franck - Uwe Borchers - und andere Mentaltrainer (mit angenehmer Stimme)

Seminar zur persönlichen Weiterentwicklung

Silva Mind Control
Diese Kurse sind aktueller denn je und ich habe sie bereits in den 80er/90er Jahren besucht. Sie waren mir bei meiner persönlichen Weiterentwicklung auch im längeren Nachhinein absolut hilfreich. Ich kann sie wärmstens empfehlen.
Kurse für Deutschland/Österreich/Schweiz und allgemeine Informationen findest Du unter:
silva-meth@at

Dann noch:

Rider Tarot von AGM Agmüller/Schweiz
Taschenausgabe der Karten von Arthur Edward Waite
****

Affirmationen, die ich mir selbst für mich ausgearbeitet habe. Beispiele findest Du separat im Anhang.

und vieles, vieles mehr ....

**Affirmationen für die Partnersuche und all-
gemein:**

Mein Partner hat mich bereits gefunden und steht
jetzt vor mir.

Mein Partner ist bereits vorhanden und erscheint
jetzt.

Ich lebe glücklich und zufrieden mit meinem
Partner.

Ich freue mich über die gegenseitige große Liebe
mit meinem Partner.

Ich habe Freude und Erfolg bei meiner Partnersuche, mein Partner ist schon da.

Ich liebe und werde geliebt.

Ich werde geliebt, genauso wie ich bin.

In mir sprudelt unaufhörlich Kraft.

Ich bin bereit für Wunder.

Ich lebe in Gesundheit, Liebe und Wohlstand.

Ich bin gesund, glücklich und zufrieden.

Ich habe Freude und Erfolg bei allem was ich tue

154

Übersicht der einzelnen Treffen:

Treffen 1: B.:
63 J. - Wassermann - angeblich alleinlebend - selbständiger Grafiker - arbeitet jedoch in der Seniorenbetreuung - Kleinstadt am Neckar - 280 km entfernt - Partnerbörse: Kissnofrog

Treffen 2: R.:
60 J. - ledig - selbständiger Gastwirt - Segler - Kreisstadt im westl. Oberbayern - ca. 45 km entfernt - Partnerbörse: Finya

Treffen 3: H.:
58 J. - ledig - KFZ-Mechaniker und Rennfahrer - Kurort im Unterallgäu - 30 km entfernt - Partnerbörse: Lokalisten

Treffen 4: K.
62 J. - geschieden - Angestellter im Ruhestand - Cabriofahrer - Landeshauptstadt Bayern - 65 km entfernt - Partnerbörse: Bildkontakte

Treffen 5: H.
57 J. - Single - Vertriebler im Aussendienst - Stadt im Allgäu - 35 km entfernt - Partnerbörse: Friendscout24

Treffen 6: R.
59 J. - geschieden - Sicherheitsdienst für Kasernen - Kreisstadt in Schwaben - 40 km entfernt - Partnerbörse: Badoo

Treffen 7: F.
45 J. - Stier - Single - Produktionsmitarbeiter Autoindustrie - Kreisstadt in Schwaben - 40 km entfernt - Partnerbörse: Lokalisten

Treffen 8: S.
61 J. - Steinbock - geschieden - Gemeindeangestellter - Motorradfahrer - Kleinstadt im Schwarzwald - 245 km entfernt - Partnerbörse: Bildkontakte

Treffen 9: G.
66 J. - Steinbock - Single - Unternehmer im Ruhestand - kleiner Ort im Innkreis/Österreich - 280 km entfernt - Partnerbörse: Bildkontakte

Treffen 10: T.
63 J. - geschieden - angestellter Architekt - Motorradfahrer - Stadt im Landkreis   Augsburg - 50 km entfernt - Partnerbörse: Bildkontakte

Treffen 11: G.
65 J. - Fische - geschieden - Dipl.Ing. - selbständig - Motorradfahrer - Kleinstadt am Neckar - 280 km entfernt - Partnerbörse: Bildkontakte

Treffen 12: A.
62 J. - Stier - geschieden - Angestellter - Grossstadt im nördlichen Bayern - 225 km entfernt - Partnerbörse: Bildkontakte

Treffen 13: J.
64 J. - Waage - geschieden - Fabrikant - Haus auf Cran Canaria - Grossstadt im Schwarzwald - 295 km entfernt - Partnerbörse: Bildkontakte.

Danke

Zuallererst möchte ich mich natürlich bei all den Männern bedanken, die ich kennen lernen durfte. Auch wenn sie nicht wissen (können), dass sie Gegenstand eines Buches wurden, so hat jeder einzelne mein Leben bereichert und dieses Buch erst möglich gemacht.
Die Idee dazu kam mir ja erst, weil alle so unterschiedlich waren. Danke dafür und alles Glück für sie bei der Suche nach der richtigen Partnerin. Vielleicht gibt es diese ja inzwischen auch?

Danke auch an viele meiner Freundinnen, die mich während dieser Zeit begleitet haben, sich endlose Stories anhören mussten und mich bestärkten, alles aufschreiben. Sie sehen dieses Buch als lohnenswert und als Hilfestellung für viele Frauen an.

Nicht vergessen werden darf Carmen Celewitz von 360 Grad Design, die immer für mich da war, wenn es früher um meine Firmenpräsentation ging. Nur zu ihr habe ich Vertrauen und so habe ich ihr freie Hand bei der Gestaltung des Covers gelassen. Schön ist es geworden und wieder mal genau so, dass ich mich damit identifizieren kann. Danke, Carmen, Du bist die Beste!

Ach ja, und dann danke ich natürlich meinem Lebenspartner, der mich viele Stunden brütend, überlegend und tippend über meinem Laptop vorfand und für den es sicher nicht unbedingt angenehm ist, Geschichten über andere Männer zu lesen. Aber gespannt ist er schon und deswegen bekommt er als Allererster mein fertiges Buch in die Hand.
Und das Beste an der ganzen Story ist: Kein anderer konnte ihm das Wasser reichen, er ist mein Auserwählter und dafür fühle ich mich innerlich sehr glücklich und dankbar.